The Governance Model
and Innovative Development
of Industry-characteristic
Universities

新时代行业特色高校治理模式与创新发展

隋　越　　王亚杰　　刘志晗　　郭建如 ----------------------- 著

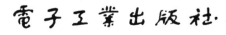

Publishing House of Electronics Industry

北京·BEIJING

图书在版编目（CIP）数据

新时代行业特色高校治理模式与创新发展 / 隋越等
著. -- 北京 ：电子工业出版社，2024. 3. -- ISBN 978-
7-121-48447-6

Ⅰ. G647

中国国家版本馆 CIP 数据核字第 202451MG38 号

责任编辑：胡　南　李楚妍

印　　刷：三河市鑫金马印装有限公司

装　订：三河市鑫金马印装有限公司

出版发行：电子工业出版社

　　　　　北京市海淀区万寿路 173 信箱　邮编：100036

开　　本：720×1000　1/16　印张：11.5　字数：184 千字

版　　次：2024 年 3 月第 1 版

印　　次：2024 年 3 月第 1 次印刷

定　　价：68.00 元

凡所购买电子工业出版社图书有缺损问题，请向购买书店调换。若书店售缺，请
与本社发行部联系，联系及邮购电话：（010）88254888，88258888。

质量投诉请发邮件至 zlts@phei.com.cn，盗版侵权举报请发邮件至 dbqq@phei.com.cn。

本书咨询联系方式：licy@phei.com.cn。

前　言

我国行业特色高校经过 70 年的建设和发展，形成了独具特色的办学优势。行业特色高校的一批优势学科已经达到或接近世界先进水平，是国家建设世界一流大学的生力军和国家科技创新体系的重要战略力量，已成为具有中国特色和中国优势的高等教育体系的重要组成部分。党的二十大报告提出，高质量发展是全面建设社会主义现代化国家的首要任务。在此背景下，行业特色高校要实现高质量发展和创新型人才培养，需要对治理模式、战略管理、与政府社会市场的关系、发展机制等方面进行调整或重构，这也是行业特色高校在"教育强国"建设中发挥引领和示范作用的必然要求。

北京邮电大学原党委书记、北京高科大学联盟理事长王亚杰研究员及其科研团队，长期从事高等教育理论的研究和实践工作，尤其在高等工程教育、行业特色高校领域，针对行业特色高校发展战略、人才培养、科技创新、校企协同等重大问题开展了深入的研究，取得了大量研究成果，在《高等教育研究》《高等工程教育研究》《学位与研究生教育》等重要学术期刊发表论文30 余篇，出版了《双一流：行业特色型大学的战略选择》《行业特色型大学和区域经济社会发展互动机制的研究》等多部专著。2011 年，王亚杰理事长牵头发起成立了北京高科大学联盟（以下简称"北京高科"）。目前，联盟成员包括北京化工大学、北京交通大学、北京科技大学、北京林业大学、北京邮电大学、华北电力大学、哈尔滨工程大学、西安电子科技大学、中国地质大学（北京）、中国矿业大学（北京）、中国石油大学（北京）、燕山大学和大连海事大学等 13 所高水平行业特色高校。北京高科秉承开放式办学的思想，通过实现资源共享、优势互补、协同创新和强强合作，在人才培养、科学研究、师资队伍建设、招生就业、国际合作、校园文化等方面开展全方位的合作与交流，取得了一系列行业特色高校发展建设中丰富而卓有成效的实践成果。

新时期，随着高等教育改革和产业发展形势的变化，行业特色高校在发展战略、办学定位、治理模式、创新路径等方面面临一系列问题和挑战。2020 年，国家自然科学基金委管理学部启动应急管理项目《行业特色高校高质量发展和创新型人才培养研究》，研究团队与北京大学教育学院郭建如教授联合申请并获得课题立项，对新时期行业特色高校的治理模式与创新发展开展了研究工作。课题组走访调研了 40 多所行业特色高校，深度访谈 100 余人，其中校领导 20 余人、职能部门领导 40 余人、二级学院领导 40 余人，撰写了 8 份政策建议，做成果相关大会主题报告 6 次。

本书内容荟萃了团队长期以来的研究成果及在国家自然科学基金资助下取得的新成果，主要内容包括：（1）基于资源视角相关理论，提出了行业特色高校的 4 类发展趋势，并提出相应的创新发展路径建议；（2）基于价值共创理论分析了行业特色高校、行业企业、行业科研院所通过价值共创进行协同创新的过程和问题原因；（3）分析了当前行业特色高校科技创新能力发展遇到的问题，并对新发展格局中科技创新能力的高质量发展提出政策建议；（4）提出行业特色高校领导班子的行业背景治理文化对学校战略管理的重要性，建议通过文化领导力推进学校治理水平和战略管理能力的提升；

（5）归纳了资源视角下省属行业特色高校发展趋势，提出省属行业院校深度转型、深入产教融合的相关途径及政策建议；（6）提出行业特色高校学科建设三条基本原则，以及向学科特色型高校发展的战略建议。

本书内容对于新时期行业特色高校的理论研究和治理实践具有很好的参考价值，适合行业特色高校的治理者和研究者阅读参考。

行业特色高校的研究与实践是一项长期的系统性工作，如何在确定的体制框架内完善行业特色高校的治理机制是一项兼具科学性和艺术性的管理难题，值得更多的高校治理者和研究者加入，共同建设新时期高水平行业特色高校，为实现教育强国目标贡献力量。囿于作者视角和研究水平，本书尚有不足之处，敬请指正。

作者

2024 年 1 月

目　　录

第五篇　新时代行业特色高校的创新发展机制

第一篇　新时代行业特色高校治理模式与创新发展研究的基础与现状

第一章　绪论

第一节　行业特色高校的形成与发展

一、行业特色高校发展的 3 个主要阶段

行业特色高校在我国高等教育体系中占据重要地位。行业特色高校因行业发展而生，长期依托于行业，主要服务于行业，在长期的办学过程中形成了与行业密切相关的办学优势和学科特色，是推动行业和社会经济文化建设发展的重要力量。我国行业特色高校的发展大致经历了 3 次战略跃迁：一是国家计划牵引阶段，二是院校划转合并阶段，三是举国体制使命驱动阶段，如图 1-1 所示。

一是国家计划牵引阶段。我国行业特色高校的产生源于 1952 年中央教育部提出的全国高等学校院系调整，其原则是"以培养工业建设人才和师资为重点，发展专门学院，整顿和加强综合大学"，并明确主要发展工业学院，尤其是单科性专门学院的发展导向。在此背景下，根据苏联的办学模式，从高校中调整出工、农、医、师范、政法、财经等科系，将其合并到已有的同

1

类学院中，或在这些科系的基础上建立专门学院。在此方针指导下，大量带有行业属性、隶属于各个业务部门的行业高等院校应运而生。例如，北京地质学院（现中国地质大学）由当时的北京大学、清华大学、天津大学、唐山铁道学院等院系的地质系合并组建而成。中央各业务部门创办和管理的行业高校在实现工业化目标的主导下形成了与国家工业发展布局相配套的、由各部门分工管理的、学科门类比较齐全的高等教育体系。这些行业高校在服务国家经济建设和社会发展，特别是在支撑和引领我国基础产业及支柱产业大发展中发挥了不可替代的作用。

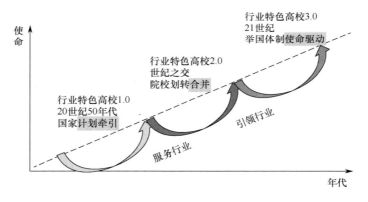

图 1-1　行业特色高校发展的 3 个阶段

　　二是院校划转合并阶段。始于 1998 年的院校划转形成了当今我国行业特色高校的基本格局。1998 年，教育部等有关部门在"共建、调整、合作、合并"八字方针正确指导下，对原中央业务部门管理的 200 多所行业高校分批次集中进行了调整和划转，基本形成了"中央和省级政府两级办学，以地方统筹管理为主"的新体制。划转涉及的院校学科专业面广泛，包括农业、林业、水利、地质、矿产、石油、电力、通信、化工、建筑、交通、文化、艺术、体育、财经、政法等门类，几乎涵盖了与国民经济和社会事业建设密切相关的学科专业。院校划转主要分为 3 类：第一类是划转教育部管理的行业高校，大体上分为独立建制划转、合并到教育部原直属高校及相互合并后划转 3 种形式，共涉及院校 75 所。石油、电力、通信、财经、政法、农业、林业等与国民经济关联度高的行业高校成为教育部直属高校，大幅提升了教育部直属高校作为"国家队"的实力，同时全方位放大了教育部直属高校在我国高等教育事业发展中的示范、辐射和引领作用。第二类是划转地方管理的行业本科院校，主要分为独立建制划转、划转后合并其他学校（以划转院校为主）、划转后与其他同层次或同类型院校合并、划转后并入其他院校（被兼并）等 4 种形式，共涉及院校 149 所。第三类是划转地方管理的行业大专院校，涉及 52 所院校。行业特色高校划转不仅是隶属关系的调整，更是优化高等院校布局结构和资源配置的战略选择。

三是举国体制使命驱动阶段。新型举国体制体现了我国社会主义制度能够集中力量办大事的制度优势，是我国很多重大科技成果得以成功的关键。相比传统举国体制，新型举国体制更强调以市场资源配置为主、以商品导向为主、注重目标实现和效益并重的原则。在此背景下，行业特色高校肩负着由依靠服务行业向融合引领行业科技发展转型的重要使命。一方面，行业特色高校在特色学科领域具备领先的科研实力，已经成为引领国家行业发展的高水平特色高校。在"双一流"建设高校名单中，9 所行业特色高校入选"一流大学建设高校"，一批行业特色高校入选"一流学科建设高校"，是推动我国行业科技创新发展的重要力量。另一方面，行业特色高校具有发挥新型举国体制的先发优势。行业特色高校的学科专业办学直接面向行业各方面、各层次的人才和技术需求，具有显著的应用特征，具有将科技成果转化为产业应用的丰富经验和先天优势。

二、行业特色高校的特征

高等教育管理体制改革后，划转院校不断拓展学科专业覆盖面和服务领域，总体呈现"多学科化"和"去行业化"趋势。主要体现在：一是纷纷更改校名，原来反映行业特色的校名很多已成为历史；二是学科专业覆盖面扩大，招生规模扩大，行业特色专业所占比重下降，部分专业失去特色。

划转教育部的行业院校，在划转早期纷纷以教育部直属的综合性高校为标杆，在学科建设上一度出现追求综合化的趋势，力争办成综合性的研究型高校，以获取在"国家队"序列竞争中的优势，进而取得倾斜于综合性高校的各项政策支持。划转地方的行业院校则由于所划转地方的财力不同、经济社会发展重点不同、高等教育资源布局不同而面临更加复杂的问题。同时，由于从行业部门管理划转地方管理，这类院校的服务领域也发生了变化，主客观上都要求划转到地方的行业院校从以行业服务为主转向以地方服务为主。

在这种全新的生存和发展环境之下，部分行业划转院校忽视了对原有特色优势学科专业的保持和发扬，设置了大量如经济、行政、法律、旅游等社会"热门"学科专业，甚至部分涉农、涉林院校也增设了诸如电子、通信、计算机等专业。伴随着学科专业扩张，招生规模扩大，原有学科专业结构随之发生较大变化并直接导致行业特色学科专业所占比重下降，部分特色学科专业失去特色，甚至部分院校还采取了更改校名等"去行业特色"的做法。

第二节 研究问题的提出

行业特色高校是中国特色高等教育的重要组成部分，在"双一流"高校中占有重要分量，是国家重要的战略科技力量。我国行业特色高校在长期办学过程中形成了与行业密切相关的办学特色和优势学科，与国家国防、地质、冶金、机械、电子信息等行业产业共同发展进步，为行业输送了大批优秀人才，取得了众多科技成果。20 世纪 90 年代，行业特色高校在划转教育部门管理后，办学自主权增大，办学实力提升。但也有一些学校因缺乏准确办学定位出现趋同化、综合化现象，有限资源被稀释，与行业主管部门的行政联系断裂或沟通渠道不畅通，原有特色在行业发展中逐渐黯淡。随着与行业隶属关系不畅，划转院校为行业服务的意识和主动性降低，影响行业科技人才的培养和新技术的产生，引领、支撑和服务行业的作用较之前有所弱化。

当前，我国行业特色高校的发展正面临着新的重大机遇和挑战。随着全球新一代技术革命的迅猛发展，国际竞争日益复杂激烈，科技领域尤其如此。我国相关行业在关键环节、关键领域和关键产品的科技保障，以及创新型人才的供给方面仍面临重大挑战。为此，中央明确指出要加快构建关键核心技术攻关新型举国体制，补短板、强弱项、堵漏洞，提升科技创新体系化能力。面对新时代赋予的新使命，行业特色高校责无旁贷。行业特色高校如何在新时代建设制造强国、航天强国、网络强国、交通强国、海洋强国背景下与行业形成命运共同体，服务于国家战略与行业的发展，为行业提供关键的技术源头与创新型人才支撑，成为重要议题。

党的二十大报告提出,"教育、科技、人才是全面建设社会主义现代化国家的基础性、战略性支撑。"要坚持教育优先发展、科技自立自强、人才引领驱动,加快建设教育强国、科技强国、人才强国。高等教育体系在教育体系中具有引领性、先导性作用,在加快建设高质量教育体系中应走在时代前列。对行业特色高校而言,新型举国体制、政府的"放管服"改革、产教融合深化都对其治理模式的完善提出了新要求。

任何组织的生存和发展都离不开外部环境和资源的支持,行业特色高校尤其如此。从长远看,随着我国经济发展进入新常态,经济增长转入中低速,相应的财政增长速度也会有所降低,财政对高校的支持力度也可能会下降。这在客观上要求行业特色高校重视从对应的行业中获得发展的关键资源,特别是通过深化产教融合获得来自政府和企业的发展资源,实现高质量发展。在新时代和新的国际竞争背景下,行业特色高校与政府、行业和社会如何互动才能够更好地发挥高校的作用,是行业特色高校必须进行研究的问题。

创建"双一流"高校,服务国家战略,满足产业需求,迫切需要加快推进行业特色高校的改革与建设,迫切要求行业特色高校创新发展机制,实现高质量发展。因此,行业特色高校不能盲目发展,而要审时度势,制定战略规划,有效实施战略管理,切实提升行业特色高校的核心竞争力,实现行业特色高校自身的发展与服务国家战略、推进行业进步的有机统一,使行业特色高校成为行业发展的开拓者和主力军、高等教育改革发展的推动者和示范区、国家核心竞争力的重要构成部分,更好地服务国家战略、行业企业及区域经济发展,为社会主义现代化建设提供强大的支撑。

本书将致力于在以下四个方面为我国行业特色高校发展作出贡献:一是

全面了解当前行业特色高校治理的现状，探究行业特色高校有效治理的条件与机制，提供完善我国行业特色高校治理的方案；二是全面了解我国行业特色高校实施战略管理的现状、存在的问题与机制，并找到实施战略管理的条件和影响战略管理在行业特色高校推行的因素，在此基础上提出在我国行业特色高校推广战略管理的建议方案；三是全面了解行业特色高校与政府、市场及社会的关系现状，分析政行企校协同关系的建构条件，为重构行业特色高校与政府、市场及社会的关系提供相应的政策方案和建议；四是全面了解我国行业特色高校创新发展实践及存在的问题，分析行业特色高校创新发展的条件和机制，为行业特色高校创新发展机制提供相应的政策方案。

第三节　研究框架与研究方法

一、研究框架

本研究的技术路线遵循"发现问题—分析问题—解决问题"的逻辑思路，综合运用教育学、管理学、系统科学等理论，在文献分析法、比较分析法、案例研究法等研究基础上，结合基于问卷数据、访谈数据的量化研究，分别对"行业特色高校的治理模式""行业特色高校的战略管理""行业特色高校与政府、市场及社会的关系""行业特色高校创新发展机制"四部分内容展开研究，以深入剖析新时代行业特色高校治理模式与创新发展，具体技术路线如图 1-2 所示。

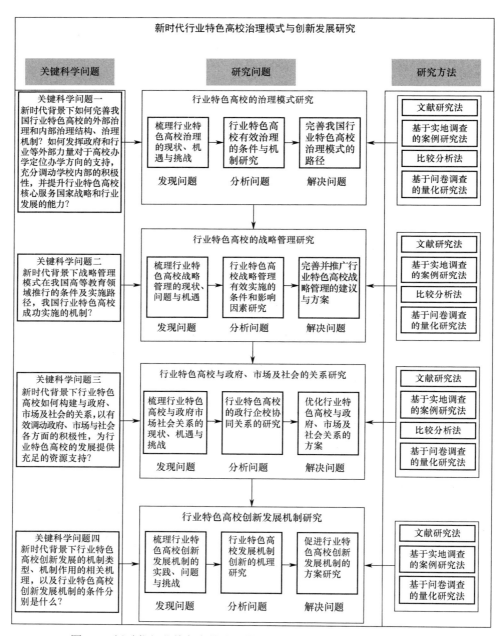

图 1-2　新时代行业特色高校治理模式与创新发展研究技术路线图

二、研究方法

（一）文献研究法

通过查阅国内外有关行业特色高校在治理模式、战略管理、与政府、市场和社会的关系、创新发展机制等方面的文献，利用文献计量软件对行业特色高校治理模式和创新发展的研究现状、热点及趋势进行梳理、归纳。本书对行业特色高校高质量内涵式发展、作用机制、创新发展（路径）等相关概念进行界定，并解析行业特色高校治理模式、战略管理，与政府、市场和社会的关系，以及创新发展机制所涵盖的理论基础。明晰行业特色高校治理体系建设、治理能力提升及创新发展过程中面临的特殊机遇与挑战，分析行业特色高校治理的"共性+个性"特征。

（二）比较分析法

选取美国（麻省理工学院、科罗拉多矿业大学）、英国（克兰菲尔德大学、华威大学）、法国（巴黎综合理工学院、巴黎高等电信学院）、德国（亚琛工业大学、慕尼黑工业大学）、韩国（韩国科学技术院、浦项科技大学）、新加坡（南洋理工大学、新加坡科技设计大学）等国家的行业特色高校作为标杆学校开展比较研究，总结其治理模式和创新发展实践、运行机制等可资借鉴的经验及教训。

选取北京高科大学联盟①高校为调研对象，面向教育行政主管部门管理

---

① 北京高科大学联盟，简称北京高科，成立于2011年，是由北京化工大学、北京交通大学、北京科技大学、北京林业大学、北京邮电大学、华北电力大学、哈尔滨工程大学、西安电子科技大学、中国地质大学（北京）、中国矿业大学（北京）、中国石油大学（北京）、燕山大学、大连海事大学共13所高水平行业特色高校组成的大学联盟。联盟围绕国家重大战略需求和重大科学问题，发挥不同类型行业特色高校在基础研究、前沿技术研究和示范性集成应用方面的特色和优势，为持续提高我国自主创新能力及促进国民经济社会发展提供支撑和引领。——作者注

者、高校管理者、教师、学生〔包括本科生、硕士生、博士生（及工程博士）不同层次〕、有密切联系的企业管理者及校友开展大规模调查，对行业特色高校治理模式、治理能力、战略管理、利益相关者（政府、市场、行业/企业）之间关系和创新发展现状进行调查梳理，并聚焦科技强国、教育强国战略背景，剖析行业特色高校治理模式与创新发展过程中存在的主要问题。

（三）基于实地调查的案例研究法

为总结行业特色高校治理模式和创新发展过程中的实践（成功经验、失败教训），本书结合典型个案研究、多案例研究方法对"双一流"行业特色高校、划转到地方的省属行业特色高校具体实践进行盘点、总结，以期发现行业特色高校治理模式和创新发展的"共性+个性"特征，并与前述文献理论研究和后续实证研究相互验证和修正。本书对 40 余所行业特色高校进行案例研究，研究对象不仅包括北京高科大学联盟成员高校，还兼顾东西部不同区域、不同层次的行业特色高校，同时也考虑尽可能覆盖不同的行业，以使选取的样本具有代表性和典型性。

（四）基于问卷调查的量化研究法

在文献理论研究、案例研究、比较研究等的基础上，本项目将进一步扩大问卷调查范围，包括不同层次的行业特色高校，如教育部直属的行业特色高校和省属的行业特色高校，覆盖主要行业和东西部地区，利用多元统计分析、复杂系统分析等量化研究方法，系统识别行业特色高校治理模式与创新发展的"共性+个性"特征，剖析阻碍行业特色高校高质量内涵式发展的结构性因素，验证理论研究、案例研究重要结论，为后续提出系统、可操作的政策建议提供依据。

第四节 研究内容

行业特色高校要完成新时代赋予的历史重任，需要从以下 4 方面入手：完善治理模式，增强政府和行业对行业特色高校办学的指导；实施战略管理，进行相应的组织变革与流程再造，依据战略配置资源，进行战略监督和考核，保障战略目标的达成；依据环境变化与自身的定位，重构与政府、市场（行业）、社会的关系，从政府、市场（行业）中获得关键性支持；创新发展机制，以发挥多部门多组织跨学科跨界力量的协同作用，着实提升行业特色高校核心竞争力，为国家战略和行业的发展发挥更大的作用。可以说，完善治理模式、制定战略规划并实施战略管理、建构与政府市场社会的关系获得发展资源、创新发展机制发挥多种主体的协同作用，是当前行业特色高校实现高质量发展、培养创新型人才的重要途径，也是本研究的重点内容。这 4 部分的关系如图 1-3 所示。

本书的 4 个研究部分存在着内在的紧密关联：完善治理模式有助于行业特色高校制定科学合理的发展战略；行业特色高校实施战略需要获得关键资源，重构与政府市场社会等外部环境的关系是获取资源的重要途径；与外部环境关系的重构还会带来行业特色高校发展方式的改变和发展机制的创新；此外，多主体多组织跨界力量的协同还会影响到治理模式的进一步完善。战略管理的过程既对其他 3 个部分产生影响，其他 3 个部分也会对行业特色高校内部的战略管理过程有直接的影响。

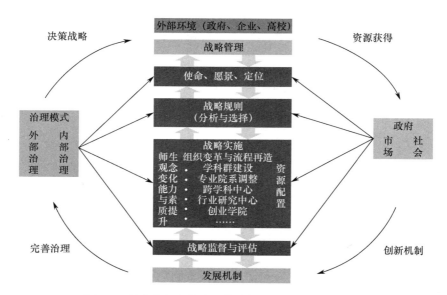

图 1-3　行业特色高校治理模式与创新发展分析框架图

第二章 行业特色高校治理模式与创新发展研究现状

第一节 行业特色高校的治理模式研究

一、"大学治理"的基本概念

全球治理委员会（1995）把"治理"界定为"各种公共的或私人的个人或机构管理其公共事务的诸多方式的总合，它是使相互冲突的或不同的利益得以调和并且采取联合行动的持续的过程"。治理与统治、管理等概念不同，更强调多中心权力的存在，强调多方力量的平等和合作参与，更加强调协调（俞可平，2000）。卡耐基高等教育委员会（1973）将大学治理定义为"作决策的结构和过程"。非营利性高校是典型的利益相关者组织，受到政府、出资者、教师群体、学生群体及其他如企业等与产业界有重大利益关系的群体的影响。治理结构体现的是利益相关者之间基本的权力分配，是利益相关者行使权力、参与管理、施加意志或影响力的制度性安排。

大学治理依据治理主体、内容、方式等的不同可分为外部治理和内部治理。外部治理涉及政府、出资者、社会等的关系，其治理内容涉及高校任务与目标的确定、办学经费的筹措与预算的决定、高校章程及重大政策和程序的批准、高校校长的任命与审查等（罗纳德，2010）；内部治理参与的主体主要是高校组织内部的主要群体或机构，如董事会、以校长为代表的行政团队、以教授为代表的学术群体、以学生为代表的受教育群体等。外部治理与内部治理的关系实质是高校基本权力的分配（胡建华，2016）。有效治理能促进高校协调基本利益相关者之间的权力关系，有效化解相互间的冲突，调动各利益相关者的重要资源支持高校发展，保障高校健康良性发展，促进高校有效率地强化相应的功能。

二、不同国家的"大学治理"模式

在国际上，不同国家的大学治理模式有较大差异，即便在一个国家内部，大学的治理模式也有很大不同。董事会是美国高校治理的重要组织。美国高校董事会组成的基本原则是"外行支配"，即主要是由来自高校外代表着不同利益的人士参加，以此确保高校能够听到政府、社会、产业界的不同利益者的声音，同时也能够获得这些重大利益关系者的支持。

欧洲国家的高校在中世纪是作为教师行会（类似于今天的专业协会）的形式出现的，教师为了保护自己的权利和利益方联合起来，实行学校自治。民族国家兴起后，国家对高校的控制能力增强。以德国为例，德国高校在法律地位上既是公法人，又是国家机构。1998年之前，德国联邦与州整体对高校组织与自治事项有诸多标准或要求；高校内部的组织为校务会议与校长，校务会议享有优势权力；校级与院级教授均享优势表决权；高校经费绝大部分并不主要取决于高校绩效，视国家财政收支及高校发展需要渐进调整；高校总务长由国家派任；高校受预算法、会计法、审计法令拘束（姚荣，2016）。

随着大学内外部治理模式的不断变化，受新公共管理理念的影响，一些国家改变了高校作为国家机构并受政府直接管理高校的形式，典型的是德国和日本。1998 年后，德国高等教育治理形成"国家管制、学术自治、外部利益相关人之调控、竞争、行政的自主调控"等五大协调与调控机制。改革强化了高校领导的决策权力，引进了主要由外部利益者代表掌握人事和财务等核心权力的高校咨询监督委员会，高校行政的自主调控、竞争调控及外部利益相关者的调控明显增强（姚荣，2016）。有学者认为，法律规范的"去国家化"、财政拨款的"绩效化"和行政管理的"去中心化"体现了德国高等教育治理结构转型的新趋势，反映了德国高校与政府关系的新变化（巫锐，2014）。日本公立大学法人化改革前，公立大学在法律上被定位成行政组织的一部分，政府对公立大学的治理主要采用行政方式。随着公立大学法人化后，公立大学与政府在法律上建立了平等的权利关系，政府对公立大学的治理方式发生了改变，"目标—计划—评价—拨款"成为政府对公立大学治理的新方式。还有些研究关注到大学治理模式的效率问题，如认为美国董事会的"门外汉原则"，可能会造成董事会成员对于履职并不积极的情况，这样会影响到董事会运行的效率。也有研究认为，美国高校的共享治理因为需要参与讨论的人多，耗时长，决策难以形成，加重了高校的负担，决策效率低下（于杨，2010）。

三、国内行业特色高校的治理模式

我国高校的治理方式自改革开放以来一直在不断地发展演变。从传统意义来说，我国公办高校由政府直接管理，自主权较小。随着政府"放管服"改革的不断深入，高校自主权不断增加，政府对高校治理的方式也发生了明显变化。特别是在 2010 年以后，教育部公办高校制定章程，成立或规范学术委员会，以确保教师群体在治学方面的权利，形成"党委领导、校长负责、教授治学、民主管理、依法管理"的内部治理模式。

我国一些公办高校也成立了董事会,据统计,到 2010 年就有 200 多所公办高校成立董事会。一些学者比较了美国高校的董事会与我国公办高校董事会在权力性质、成员身份、职能等方面的差异,认为我国公办高校的董事会绝大多数是高校建立社会联系、实现产学研合作、寻求外部资助的平台;没有聘用校长、雇佣或开除教师、决策等学校事务方面的"实权"。但个别公办高校的董事会具有微弱的治理权力,典型代表是华北电力大学的董事会,由 7 家特大型电力企业组成。该校由董事会与教育部共建。董事会具有"对学校的学科建设、人才培养规格和整体规划提出建议"及"管理董事会出资建设项目规划"的权力(于杨,2010)。即便如此,华北电力大学更多地将董事会看作校企合作的平台,如华北电力大学宣传部的孙帅(2014)认为董事会起到了"校企合作加油站、互利共赢助推器"的作用。

行业特色高校在治理上与普通高校不一样的是,不少行业特色高校存在着由教育行政机构与行业主管部门,甚至是与大型行业企业集团共建的现象。除教育部直属高校是采用教育部与相关部委和企业集团共建外,划转到地方的省属行业特色高校则更多采取省部共建、省部部共建的形式,如河北省的燕山大学采取省部共建方式;在省部部共建的高校中,如江西理工大学由江西省、教育部与工业和信息化部共建;南京信息工程大学由江苏省、教育部与中国气象局共建;石家庄铁道大学则由河北省、国家铁路局与教育部共建。我国一些行业主管部委在撤销后转变成为大型行业集团,一些行业集团仍保留着行政级别,划转院校为了与这些行业集团保持联系,或者是将行业集团拉进来，也签订了省部企共建协议，这属于省部共建中的一种特殊类型。如沈阳航空航天大学，由辽宁省、中国航天工业集团与教育部共建。在行业呈现高度集中的情况下，行业特色高校与行业内的多家大型龙头企业签订共建协议，如武汉科技大学是由湖北省、教育部与互不隶属的四大钢铁企业：宝钢、鞍钢、武钢和首钢共建，这与华北电力大学的情况较为相似。尽管这种省部共建模式受到教育部资源供给能力的限制并没有进一步扩大（王峰，2019），但这种形式对于把行业部门以一种合适的名义吸引进来关注学校的发展提供了条件。

在行业特色高校中，除学校层次出现由教育主管部门、行业主管部门和行业龙头企业共建外，院系所（中心）层次上，也出现了共建、共管、共治现象，特别是随着产教融合的深入开展，行业企业的力量已参与到专业建设、课程教学等学术性事务上，为行业特色高校的治理提供了新的机遇。

四、研究现状评价

近些年，我国在高校领域加大"放管服"改革，加快"管办评"分离，政府在放权的同时也加强了对高校的评估和督导。此外，国家在崛起过程中，面临着严峻的科技竞争，在国际一些发达国家减少与我国贸易、科技交流后，中央在强调深化产教融合后，进一步提出要发挥新型举国体制的优势。在新时代背景下，政府的力量、行业的力量以何种方式进入行业特色高校的治理中更有利于行业特色高校的高质量发展，现有的研究触及较少，需要深入研究。

第二节　行业特色高校的战略管理研究

一、战略管理的内涵与要素

战略规划是一种更为积极主动、目的明确、面向未来的高校管理方式；它力图事先做好应对所预计到的困难的准备，更迅速地抓住和利用新的机遇与可能的变化（凯勒，2005）。战略规划主要考虑一系列新的因素：变化的外部环境、竞争环境、组织的优势与劣势及发展的机遇；意在为组织提供一种感知环境变化的手段，设计这种管理活动的目的就在于帮助组织利用自身已有的优势，追求更优的质量。以战略规划为基础的战略管理是现代高校普遍的管理举措（耿乐乐，2019）。"战略管理"是从全局视角整体考察组织发展目标、发展环境、目标落实、举措制定、执行和评估环节的动态过程（李小娃，2013）。使命愿景是高校战略管理的逻辑起点；战略分析则是高校战略管理的环境扫描；战略制定是形成高校战略管理的蓝图规划；战略实施是通过行动计划、预算与程序的开发来实施战略与政策的过程，以高校战略目标分解为可执行可操作的目标为起点，并涉及高校的文化、结构和管理系统中某个领域或所有领域的变革；战略评估是对高校战略实施的结果和效果与期望目标进行比较，对战略实施过程中存在的问题进行纠偏和反馈（杨佳乐，2019）。

二、国外高校战略管理的研究

战略管理在美国和英国高校率先于 20 世纪 80 年代发展起来，同美英高校面临的政府大量削减经费，要求高校面向市场获取资源有很大的关系。通过分析英国卡迪夫大学制定并实施的《一路向前（2012—2017）》战略规划，有研究认为，该校战略决策过程充满互动、战略价值传导清晰、战略实施高度协同、战略保障支持有效，战略的实施有效地提升了该校的核心竞争力（徐绍红等，2019）。还有研究分析了英国伦敦大学学院的战略管理，发现该校针对每一项战略都分解为具体的行动目标，并制订有针对性、可测量、可达到、合理性和及时的行动方案；每六个月审核、更新一次战略执行的进展；战略评估在保障内部监督的同时也兼顾外部监督，充分尊重外部利益相关者的信息知情权（杨佳乐，2019）。

三、我国行业特色高校战略管理研究

总体看，目前关于我国行业特色高校战略管理的研究还不多，相关研究主要集中在对我国行业特色高校发展定位、竞争优势，以及发展方向与路径的分析上。如在发展定位与发展困境的分析中，有学者认为行业特色研究型高校在划转后普遍感到一定的"失落"并面临着发展方向上的重新定位（沈红宇，2010）；若干所工科类高水平行业特色高校已经初步具备了跻身世界一流高校行列的实力，但存在学科结构单一的缺陷（谢辉祥，2017）。此外，行业特色高校还存在着诸如大面积更名、学科重叠、盲目增设学科等问题（薛岩松、王雅韬，2019）；国家应当从宏观上完善对行业特色高校发展的政策环境，把行业特色高校的发展纳入国家战略发展体系予以重视，而行业特色高校也应当主动适应国家、行业和区域的战略需求实现自身的发展（闫俊凤，2014）。

对行业特色高校在发展方向上的战略抉择，曾任北京科技大学校长的徐金梧指出，"趋同化"和"综合化"并非行业特色高校的正确发展方向，坚持"质量+特色"的内涵发展之路、实施核心竞争力提升战略才是行业特色高校发展的战略选择（徐金梧，2011）。在办学定位和服务面向上，行业特色高校应主动与相关行业发展紧密联系起来，为行业发展服务，走与行业发展良性互动的办学道路，重新背靠行业打造比较优势（潘懋元、陈斌，2016）；有学者提出行业特色高校在经历了"去行业化"转型后，要精准推进"再行业化"战略（周光礼，2018）；北京师范大学原校长钟秉林则认为，行业特色高校既要服务于行业也要面向地方，要积极争取行业与地方政府的支持（钟秉林等，2011）。

还有不少学者围绕行业特色高校的学科建设、人才培养、科学研究、社会服务、资源配置与组织流程再造等方面进行了研究。具体而言，在学科与学科群建设方面，有学者提出应借鉴美国一流大学特色发展、集群发展、均衡发展、协同发展的学科发展模式与经验，实施学科管理模式、资源配置和评价体系改革，破除功利的竞争与排名意识，努力建成一批世界一流学科（程孝良，2016）；还有学者提出以一个龙头学科带动一个学科集群的发展，以学科集群的发展促进高校的发展（龚莉红、孙辉，2019）；要造就交叉学科集群，应在知识生产由单学科研究模式向交叉学科研究模式转变的背景下，重新思考和确立新的行业院校科研发展策略与研究方式（陈琳、武贵龙，2013）；在优化办学资源配置与组织再造方面，有研究提出要在科学的顶层设计下着力推动内部办学资源的优化配置，使学科资源和人才资源发挥最大的办学效益；打破组织边界及各种机制壁垒，推动学科实质性地相互支撑、交叉共生（荀振芳、李双辰，2019）；行业特色高校应在人才培养方面推动教育目标重识与流程再造，培养面向产业技术和专业学术的行业精英人才，强化有组织的科研行为，激活知识生产"动力源"。还有一些学者提出要加强智库建设与服务，形成学科服务社会的产学研智力支持；加强科技成果转化，利用科技园平台集聚社会服务产业链等（谢辉祥，2017）。

四、研究现状评价

目前关于高校战略管理的研究主要依据高校战略规划文本进行分析或比较分析，对战略规划实施的分析还很少。具体到行业特色高校，行业特色高校在发展定位和发展方向上问题分析的研究还比较多，为行业特色高校发展支招的研究比较多，但是从战略管理角度系统地考察目前行业特色高校的战略规划及战略实施情况的研究还很少。这与战略管理的相关理论和思想更多被企业采用而非高校采用有关。国内许多高校，可能会有各种发展规划，但不一定是战略发展规划，即便有战略规划，但可能缺乏系统的工具，难以进行战略管理。事实上，很多高校制订的所谓规划有一些共同点，比如目标和模式的同一性，脱离发展现实或干脆被"虚化"，缺乏有效的评估和纠错机制，导致战略规划徒具空文。在这样的现状下，有必要开展行业特色高校战略规划的相应研究。

第三节　行业特色高校与政府、市场及社会的关系研究

一、国际经验：历史与演变

无论国内国外，高校的发展都离不开政府财政的支持。美国一流研究型

高校是美国国家竞争力的关键。盖格（2013）分析了研究型高校的发展历程，发现资助制度起着决定作用：二战和冷战时期，来自联邦政府的资助替代了社会上的私人资助和基金会的资助，成为研究型高校的最大赞助者，使研究型高校的有组织研究成为重要的研究方式（罗杰·盖格，2013）。有学者研究了联邦科技政策对于美国研究型高校形成和发展的影响，指出在二战后初期的 10 余年间，美国联邦政府大力发展医学研究、工程研究及航空航天事业，国家科学基金会是研究型高校重要的资助方，国立卫生研究院、国防部、能源局、国家航空航天管理局等部门都对研究型高校的研究项目、设在高校的研究机构进行了重点资助。此外，高校成为实现政府意图和国家战略的重要工具，是国家利益的焦点所在（沈红，2001）。

20 世纪 80 年代以来，美国政府为应对日本制造业崛起带来的挑战，要求高校积极开展科研成果转化，并与产业企业合作研发。市场成为研究型高校获取资源的重要渠道。典型的是斯坦福大学与硅谷的关系，麻省理工学院、哈佛大学与波士顿 128 公路科技创新区的关系。萨克森尼安比较了硅谷和波士顿地区经济发展活力和高科技发展上的差异，认为这种差异同两个地区的高校与当地企业之间互动方式的不同有着直接关系（安纳李·萨克森尼安，2020）。高校投身于地区的产业发展，深度参与市场，从中获得了巨大的发展资源，但市场也会对高校的教学和科研，以及组织结构、组织制度和组织行为产生深刻的影响，甚至会牺牲掉高校长期信奉的学术自治与学术自由，这被盖格称为"研究型高校的市场悖论"（罗杰·盖格，2013）。在美国高校的发展过程中，来自社会的力量，特别是各种中介性组织和服务性组织也产生着重要影响，如基金会、校友会及各种教育评价组织或者各种与教育有关的协会与联盟等。

对于美国高校、政府和工业的关系，国外学者将之称为"新型的伙伴关系"（罗伯特·M. 洛森茨维格、芭芭拉·特林顿，2008），并指出设在高校中的联邦政府实验室起到了关键的"桥梁"作用。研究型高校在与政府研究机构和企业研究机构合作中处于核心地位，政府、高校与产业的合作体现的是伙伴关系。埃兹科维茨等则认为在知识经济时代，在政府、高校、产业之间已经出现了"三重螺旋"的关系或体制，三种体制的相互影响使得各自体制的内部在发生变化，各自进行调整，并促使三者之间的互动水平再次不断上升，形成螺旋状（埃兹科维茨·亨利、雷德斯多夫·劳伊特，1999）。斯特劳和莱斯利（2008）认为自 20 世纪 80 年代以来随着高校更深地卷入市场，高校会出现学术资本主义现象。为保持或扩大资源，高校中的教学科研人员不得不日益展开对外部资金的竞争，这些竞争用来进行与市场有关的研究，包括应用的、商业的、策略性的和有目标的研究等。吉本斯认为高校的知识生产模式发生了转变，即从知识生产模式 I 转向了模式 II，更强调问题导向的研究，跨学科的研究，强调社会评价等因素（迈克尔·吉本斯，2011）。伯顿·克拉克发现，为弥补政府资源不足，一些高校转型为创业型高校，积极拓展资源获取渠道（伯顿·克拉克，2007）。韦斯布罗德等研究了私人捐赠、捐赠基金等方面的收入，但总体来讲，关于社会捐赠的研究相对较少（伯顿·A. 韦斯布罗德，2016）。

二、国内的实践与研究

国内学术界围绕着行业特色高校与政府、市场和社会的关系开展了许多研究。一些研究讨论了行业特色高校建立董（理）事会作为与政府、行业企业沟通、合作和筹资的重要平台，如华北电力大学是公办高校中首家直接有资金支持的董（理）事会，7 家董（理）事会负责筹措共建基金，支持学校重点建设与发展；董（理）事会也起到了校企合作平台的作用，吸引校企合作经费达到 15 亿元，支持了学校的学科建设、实验平台建设、师资队伍的培养与引进、创新人才培养、科学研究及办学规模的扩大等全方位的发展。当然，华北电力大学也成为电力企业的科研基地、人才储备库，每年向以理事成员单位为核心的电力企业输送数千名人才。在华北电力大学，董（理）事会搭建了电力企业与高等学校的桥梁和纽带，强强联手，互利共赢。行业特色高校与行业龙头企业的共建关系还发展到了二级学院层次上，如华北电力大学的能源互联网学院就是国家电网有限公司和华北电力大学共同设立的非法人教学科研机构，依托前瞻性、基础性合作研究与科技攻关，以学科交叉创新需求为牵引，组建由双方专家教授和行业知名学者组成的跨学科师资队伍，实施双导师制或导师组联合培养，突出"研究型、工程化、国际化"的人才培养特色，推进创新型博士及硕士研究生等高质量人才培养。

省属行业特色高校，包括由原部委管理后划归到地方的高校，在面对着市场和区域需求时也在积极作为。有学者对划转归省属的行业特色高校进行了研究，发现划转行业特色高校充分利用行业性和地方性的优势，立足行业扎根地方，在学科布局及组织结构方面进行调整，从地方政府和行业中获得了发展的重要资源。在国家产教融合政策的推动下，一些地方政府，如宁波积极推动产教融合城市的建设，打造各种协会和联盟，希望能够形成高校、产业联盟与政府互动的新的产教融合新生态；如东莞、佛山等地区也高度重视对政行企校协同发展的支持（韩高军、郭建如，2011）。

三、研究现状评价

近些年，围绕着产教融合城市的建设，围绕着普通地方本科高校向应用型转变，地方政府、高校与当地产业、企业形成了多种多样的合作关系。对全国层次和对全省相关行业有重大影响的行业特色高校如何构建产教融合体系，培养高端创新型人才，解决行业企业发展的关键技术问题，逐渐成为瞩目的焦点。与此同时，相关研究还不够多，还不够深入；在新时代，新的国际竞争环境和技术革命、产业发展动态都为行业特色高校与政府、与市场和社会的关系的建立带来了新的机遇和挑战，迫切需要做进一步的深入探讨。

第四节　行业特色高校创新发展机制研究

一、国外高校创新发展方式与机制研究

先来关注美国一流高校的创新发展方式与发展机制。有学者考察了美国斯坦福大学、卡内基梅隆大学的跨越式发展，认为高校的跨越式发展主要是高校校长与学术管理层发挥领导作用进行战略决策并实施的结果，而不是消极的"垃圾桶"决策模式的结果；高校跨越式发展的绩效，主要受高校战略领导、战略规划和战略实施与变革三个主要范畴的因素的影响（武亚军，2006）。美国许多高校在发展上的显著特征是坚持特色发展，聚焦核心竞争力，不断围绕优势学科进行创新，形成相互支撑的优势学科集群，典型的如普林斯顿大学、加州理工大学、科罗拉多矿业大学等。采矿工程、石油工程、

地球科学一直是科罗拉多矿业大学的强势学科。该校的发展方式是坚持传统定位，利用自身传统特色，依托这些优势不断拓展相关领域，并在相关领域成为领先者，如在采矿专业基础上，大力发展地下建筑和隧道工程专业；积极探索地质学、地球物理学、采矿工程、地下工程方面的专业知识在地球环境之外的其他行星环境中的应用，不断尝试将优势专业应用于新的领域。在世界一流高校中，跨学科的发展方式非常明显，尤其体现在科学研究及人才培养方式的创新发展上。科罗拉多矿业大学特别注意学科间的衔接，以及学科专业知识间的融合，如地下建筑工程和隧道工程就是跨学科项目，汇集了土木工程、机械工程、地质学、地球物理学、采矿工程方面的知识；机器人领域则由计算机科学家、电气工程师、数学家、机械工程师、材料科学家共同参与（刘嘉铭等，2019）。有学者研究了美国佐治亚理工学院推出的旨在克服工程教育碎片化发展的大规模长期性跨学科项目——垂直整合项目，认为该项目形成了涵盖跨学科的交互协作、垂直整合的团队建设、真实世界的工程实践及创新能力的激发培养等独具特色的工程人才培养体系（张惠、雷庆，2019）。亚琛工业大学在德国卓越计划下努力成为聚焦交叉学科的技术型高校，通过纵向一体化跨学科教学科研组织的创新，一旦某个领域时机成熟或者涉及某跨学科领域的重大现实应用问题出现，学校可依托相关基础学科迅速构建起新的交叉前沿领域，这是学校发展成"整合型跨学科技术大学"的有效机制（张炜、钟雨婷，2017）。

与产业的合作是高校获得发展资源，成为区域或国家创新体系的重要构成部分，提升高校影响力，助力高校教学科研等核心使命达成的重要途径。如美国的斯坦福大学和麻省理工学院，德国的亚琛工业大学和慕尼黑工业大学等。埃兹科维茨考察了麻省理工学院成为创业型高校的发展过程，认为麻省理工学院重视建立高校—企业—政府间的联盟关系，形成了三者的螺旋式上升的互动结构，实现了互利共赢（埃兹科维茨，2007）。伯顿·克拉克（2007）更强调高校组织自身机制，认为包括华威大学在内的一些欧洲新型高校，在面对政府消减财政压力的情况下获得成功，是在组织上成功转型为创业型高校，并指出了组织转型发展的 5 个要素：强有力的驾驭中心、激活的学术心脏、拓展的外围、多元化的筹资渠道及弥漫于组织中的创业文化。亚琛工业大学构建学术界与产业界的协同创新网络，建立研究集群、孵化器、加速器、大赛论坛与衍生公司等多种产学研合作途径，形成多位一体的"创新集群"发展模式，极大地推动了亚琛工业大学"卓越战略"的实现，也使其成为亚琛地区乃至德国创新的重要力量（傅茜、聂风华，2019）。

人才培养是高校的核心使命，是高校创新发展的重要方面。英美高校非常重视创新人才培养的模式与机制，最重要的方式就是联合产业和其他高校的力量一起培育创新型人才。通过对英国产业博士中心进行研究，可以发现英国在培养工程博士方面具有 4 个方面的经验：一是英国政府对工程博士项目进行了持续有效的政策支持，二是英国政府通过政府和企业两方面对工程博士培养中心进行资助，三是充分发挥产业工程博士培养中心在高校和产业之间的枢纽作用，四是通过工程博士协会为高校、企业提供工程博士的交流平台（王亚杰，2016）。麻省理工学院、加州大学伯克利分校、密歇根大学等高校通过构建多个基于特色项目的多主体联合培养平台，政府、企业与高校多方参与培养工程创新人才，更与行业企业、世界一流高校、国际组织建立了牢固的合作伙伴关系，共同应对与解决重大全球挑战（杨院、席静，

2019)。有研究发现，斯坦福大学工程教育创新发展具有跨界（产—学（研）—政）融合的特征，即工程教育外场域中主体的跨界，与工程教育内核区要素的融合（肖凤翔、陈凤英，2020）。德国实施了创新高校计划，旨在实现高校、企业和社区之间联结、支持及创造功能，促进彼此产生良性的共促效应，并形成迭代的正向循环和优化（陈志伟、国兆亮，2019）。

一些学者还考察了美国高校创新发展的关键机制，发现促进高校创新发展的机制主要有 3 个方面。一是政府引导：美国联邦政府并不直接创办高校或管理高校，洛温将斯坦福大学称之为"冷战大学"，强调了政府和工业界通过资助方式介入期坦福大学教育与科研，促进斯坦福大学转型发展的过程（洛温，2007）。二是市场机制：盖格分析了美国研究型高校在 20 世纪 80 年代后日益卷入市场，获得了发展的庞大资源（罗杰·盖格，2013）。三是协同机制：在高校的创新发展中，越来越强调多机构的跨界协同，埃茨科维茨（1999）的三重螺旋模式就是对高校—产业—政府之间协同的代表性诠释。这些研究表明，高校是在开放环境中获得发展的，创新与外部环境的关系有助于改变高校的发展方式。

二、国内关于行业特色高校创新发展及其机制的研究

国内有不少学者对行业特色高校发展的方式与发展机制进行了分析。从发展动力来看可以包括：一是逐利市场发展方式，行业特色高校划归教育行政部门后，获得了较大的自主权，在发展上出现了趋同发展，创办了许多迎合市场需要但缺乏学科积累的新的学科和专业，导致定位趋同、办学目标趋同、培养目标趋同。尽管传统专业对应的行业仍是这些高校面对的主要市场，

但机会主义的发展方式有可能会导致行业特色高校偏离主要的服务行业，使得行业特色高校在行业的优势地位逐渐丧失。二是政府项目牵引下的发展。政府在高等教育领域实施了许多项目，包括"985 工程"项目和"双一流"项目，虽然提升了学科的力量，但因为评价机制的不完善，可能会出现"五唯现象"，片面追求 SCI，导致与行业的联系能力弱化。三是自我选择的战略规划式发展，即有明确的战略规划，并实施战略管理的发展方式。从发展方式主要依赖的要素及对高校质量的影响看，可以分为粗放式外延发展方式与内涵式发展方式：粗放式外延发展方式体现在追求规模和体量，如热衷于扩大校园面积，异地建设新的校区，甚至采取与其他学校合作增加学科专业数量和学生数量；内涵发展模式主要特点是重视提升教育与科研的质量。

根据高校发展采取的主要策略或战略，高校的发展方式呈现出多样性，如差异化与竞争优势发展方式，强调发挥行业特色高校的竞争优势；有的高校实施优势集群发展战略，特别是地方的行业特色高校常常围绕某个学科，集全校之力，加快建设，形成资源集约优势，对同处一个行业的高水平特色高校的发展形成竞争压力；还有些学校采取行业企业结成联盟协同发展的方式。发展的战略和发展的方式不同，相应的发展机制也会有差异。

探索高校创新发展方式与发展机制的文献，根据着手点的不同大体上可分为侧重校内部优势学科集群创新发展和侧重校外部产学研合作创新发展两大类。有学者从学科角度出发，认为行业特色高校也是学科特色高校，行业特色高校要建设一流大学需要大力发展一流学科（王亚杰，2018）；有学者基于对 33 所行业特色型高校的研究，认为行业特色型高校学科竞争力与学校竞争力呈显著正相关，认为学科建设是行业特色型高校建设的核心，是构筑和提升高校核心竞争力的必由之路（周磊、荀振芳，2018）；还有学者以 61 所行业特色型"双一流"建设高校为研究对象，发现其学科群建设存在学科群治理体系不完善且治理能力有待提高、学科群内学科发展不平衡、跨学科领军人才和团队缺乏、学科群内各学科间的文化冲突等问题；提出优化行业特色型高校学科群建设的路径，如设立学科群改革特区、创新科研组织形式、汇聚一流跨学科团队、建设开放融合的学科群文化（尚丽丽，2019）。科学研究、人才培养与社会服务是高校的基本功能，对于行业特色高校的发展来讲则有其特殊性，就是这三项功能都需要依托行业来开展，一些学者和高校的管理者重点讨论了以产学研相结合方式创新高校的发展方式和发展机制的问题。有学者指出，保持特色是行业特色高校的生存之本，而针对行业关键性、共性技术问题协同企业的联合研究，可以有效促进行业特色高校的科研水平提升（钱晓红、陈劲，2014）。还有学者分析了行业特色高校协同人才培养模式的困境和发展路径，指出协同人才培养模式强调多主体参与、跨组织协同，其人才培养目标、专业设置、教学方式及评价方法等培养要素必须融入行业企业及科研院所等其他组织，相互协调和促进（李北群、华玉珠，2018）。

中国石油大学（北京）原校长张来斌认为，产学研结合已经成为行业特色高校的一种办学战略，在新的历史背景下，要实现高校与行业企业的良性互动，关键是建立一套完善的机制，包括从普遍的"点对点"的项目合作向高层次、全方位的战略联盟提升；完善联合办学体制，大力加强平台建设，瞄准行业面临的战略性、前瞻性关键技术问题，加大投入整合队伍，建立面向行业未来发展的学科大平台；发挥校企各自优势，建立面向支持行业技术创新的科研实体；校企合作共同育人等（张来斌，2011）。省属高校中，广东工业大学通过与工业界的深度融合，打出有力的产学研合作组合拳。具体来说，广东工业大学通过"三个延伸"的思路建设了东莞华南设计创新院、广州国家 IC 基地、佛山南海广工大数控装备研究院三个亿元级投资的重大协同创新平台。一是向上延伸：力求集聚国际高端学术资源，招揽国际高层次人才；二是向下延伸：捕获市场需求，联合企业攻关，服务广东经济社会转型升级；三是向内延伸：将集聚的创新资源服务于科学研究的同时，特别注重服务于学生创新实践能力的提升。通过向上、向下、向内三个维度的延伸，形成了技术、人才、信息、金融、政策、文化等创新要素的聚集，有力推进了学科建设、人才培养、科学研究和服务社会四位一体的深度融合（周烨，2016）。

三、研究现状评价

尽管国内外围绕着高校创新发展方式及机制问题，特别是国内学者围绕着行业特色高校创新发展机制问题进行了许多讨论，但新的国际国内形势下行业特色高校创新发展面临新的机遇和挑战，特别是在我国，相关行业的高科技企业面临着国际打压与封锁的背景下，为解决我国产业链的安全和稳定，为攻克影响关键行业发展的共性的核心技术，中央提出了发挥新型科研举国体制的优势，行业特色高校在这一体制中如何发挥其技术攻关作用，如何为我国相关行业培养创新型的人才，都需要创新其发展方式和发展机制。

第三章 行业特色高校治理模式与创新发展相关理论

第一节 资源视角相关理论

一、资源基础理论

资源基础理论（Resource-Based Theory）是一种用于解释企业竞争优势形成和持续的理论框架，是战略管理研究领域的核心理论之一。与传统产业组织理论关注行业结构和外部环境不同，资源基础理论强调企业内部资源和能力对竞争优势的重要性，认为独特的资源不仅可以增加组织的持续竞争优势，还可以减少组织的外部环境依赖。资源基础理论认为，企业的竞争优势源于其拥有并能有效利用的资源和能力，这些资源和能力包括技术专利、品牌声誉、员工技能、管理经验等。企业要想在竞争激烈的市场中取得成功，就必须依靠这些资源和能力构建持续的竞争优势，并将其转化为市场份额、利润增长等业绩表现。资源基础理论的关键要点包括资源的重要性、资源的独特性、资源的可替代性、能力的重要性和动态视角。

随着对资源基础理论研究的深入，伴随经济社会的发展和管理实践的进步，资源基础理论的研究大致经历了"传统资源基础观—动态资源基础观—资源行动观"三个主要阶段。

一是传统资源基础观。资源基础理论的思想可以追溯到彭罗斯（Penrose）在其 1959 年出版的专著《企业成长理论》中提出的关于资源基础视角的理论（伊迪丝·彭罗斯，2007），彭罗斯聚焦于企业内部成长，创造性地将企业视为资源的集合，指出企业通过对人力资源、实物资源等在内的异质性资源的有效获取和科学配置，可以帮助提升自身绩效并进一步塑造区别于其他企业的竞争优势，为资源基础理论诞生奠定了基础。Wernerfelt 在其关于企业差异化战略的研究中提出资源基础观（Resource-based view），指出企业进行战略选择的逻辑起点应该是对资源的关注，并认为企业依托异质性资源、知识及能力构建资源位置壁垒是企业获取高额利润的关键（Wernerfelt，1984）。在此基础上，Barney 在研究中探讨了资源对企业绩效的影响，指出企业可以在战略要素市场中获取资源，只有当资源的购买成本明显小于其潜在价值的时候，企业才能够从市场中获得超常的利润收益（Barney，1986），并进一步提出企业获取竞争优势的基础在于其是否拥有具备价值性、稀缺性、不可模仿性和不可替代性的资源。所谓的资源不仅是企业拥有的资产、设备等实物资源，而且包括企业的组织架构、品牌、声誉、信息、知识、能力、员工综合素质等在内的组织资本资源和人力资本资源（张璐等，2023）。

二是动态资源基础观。传统资源基础观的一大局限就是仅基于静态视角探究资源存量在竞争中的重要作用，而难以回答企业如何在动态变化的外部环境中获取竞争优势的问题。针对这一局限，以 Prahalad 等为代表的学者进一步从资源中分离出能力的概念，认为企业的核心竞争力是其独有且难以模仿的、可以为其创造竞争力的知识和技能（Prahalad and Ramaswamy，2000）。

Teece 创造性提出动态能力理论（Dynamic Capabilities），并将其定义为组织构建、整合、重构内外部资源助力企业创造产品和流程，以应对动态变化市场环境的能力，最终形成了以考察企业动态能力为代表的动态资源基础观（Teece et al.，1999）。这种动态能力包括产品开发能力、联盟能力与战略决策能力等组织层面具体战略执行维度的能力（Pitelis and Wang，2019），也包括机会感知识别能力、组织学习能力、整合布局能力等抽象的管理能力（Teece，2007）。

三是资源行动观。动态资源基础从动态演化视角阐释了资源存量与竞争优势间的关系，但仍无法在理论层面充分解释资源如何形成及资源配置的具体机制。因此学者们开始从行为视角研究组织资源获取和整合，并由此衍生出代表性理论：资源拼凑（Resource Bricolage）和资源编排（Resource Orchestration）理论。Baker 针对新创企业如何突破资源局限的弱点，提出了资源拼凑理论，即新创企业对现有手边资源进行"将就利用和拼凑重构"的价值创造即刻行为，是实现其突破资源禀赋限制并提升绩效和企业竞争力的有效途径（Baker and Nelson，2005）。资源拼凑理论较好地解释了初创企业如何通过主观能动性和创造性来突破资源局限，但对于那些已经掌握了更多资源并具备更强能力的处于成熟阶段的企业适用性减弱。在此背景下，Sirmon 等提出资源管理模型，指出企业资源管理是构建资源组合后整合资源升级能力从而协奏资源与能力创造价值的综合过程，并进一步融合资产编排的思想提出资源编排理论，认为突发事件、产业结构及边界等的动态变化会提升环境不确定性，进而改变资源能力、战略之间的互动关系，企业应该通过跨边界获取、积累和剥离，实现资源组合结构，依靠各层级维持、丰富既有资源和开拓创造新资源的行为进行资源捆绑来构建能力，最终通过动员、协调、部署来利用能力创造价值（Sirmon et al.，2011）。

二、资源依赖理论

资源依赖理论（Resource Dependence Theory，RDT）是组织理论中的一个重要流派，主要研究组织如何与其外部环境互动以获取所需资源，并探讨这种依赖关系如何影响组织的结构和行为。资源依赖理论的核心观点是，组织为了生存和发展，必须从外部环境中获取一定的资源，而这些资源通常由其他组织控制，因此组织之间形成了相互依赖的关系，其他组织就会影响该组织的行为。

资源依赖理论起源于 20 世纪 40 年代，由 Jeffrey Pfeffer 和 Gerald Salancik 在 1978 年的著作《组织的外部控制》中正式提出。该理论的早期研究主要关注组织如何通过政治机制来获取和控制资源，以及这种控制如何影响组织内部的权力结构。当前，资源依赖理论主要研究组织如何采取策略降低对外部单一资源的依赖，从而获得稳定持续的关键资源，包括四个重要假设：一是组织最关心的是生存；二是组织通常无法生产自己生存所需的资源；三是组织必须与它所依赖环境中的因素或组织进行互动；四是组织的生存建立在该组织控制它与其他组织关系的能力基础之上（杰弗里·菲佛等，2006）。随着时间的推移，资源依赖理论得到了进一步的发展和完善。研究者们开始关注组织如何通过战略联盟、合资企业、并购等方式来管理和改变其对资源的依赖。

资源依赖理论对组织行为的研究提供了新的视角，强调了组织与其外部环境之间的动态互动关系。它不仅关注组织的内部管理和战略决策，还强调了组织之间的相互依赖和权力斗争。然而，该理论也受到了一些批评，比如过于强调权力控制作用，忽略了效率因素和制度文化因素。

三、资源相关理论在高等教育中的研究

资源基础理论和资源依赖理论作为重要的战略管理和组织管理理论，在高等教育管理领域受到越来越多学者的关注，主要包括高校核心竞争力、高校内部资源配置、高校产学研合作等主题。

一是关于高校核心竞争力的研究。有学者基于资源基础理论对地方高校的竞争力培育面临的问题进行分析，指出地方高校面临的资源约束包括教育资源总量不足，优质资源缺乏，外部资源获取能力偏弱，内部资源结构同质化严重，发展路径选择趋同等问题，认为地方高校应推行资源转化战略、资源集中战略和资源错位配置战略来培育提升自身竞争力（任初明，2011）。基于资源基础理论分析高校的竞争力，将高校视为资源集合体，认为资源是高校竞争力构建的关键，并指出高校拥有的战略资源总量通常决定着高校的整体竞争力，高校战略资源的异质性是高校竞争力的源泉，高校战略资源的稀缺性使资源的优先获得者具有先发竞争优势，核心战略资源的不可完全模仿和不可完全替代是高校能够保持持久竞争优势的关键（任初明，2012）。

二是高校内部资源配置的研究。有学者基于资源依赖理论分析了学科建设路径，认为资源虽然是学科发展的前提和基础，但是对政府资源的单一依赖也对学科组织的健康发展构成了威胁，应通过学科精准定位、主动跨越学科边界、学术创业和创造适合学科发展的环境等策略降低学科组织对单一资

源的依赖程度，实现一流学科的健康可持续发展（邢政权等，2020）。也有学者从资源依赖理论入手分析学校交叉学科的发展路径，认为交叉学科由于兼具两个层次的外部环境，其相对于传统学科对资源的需求和依赖更为显著，表现为对学科院系和学校层面组成的内层外部环境与政府、社会和企业组成的外层外部环境有形和无形的资源依赖（郭柏林、杨连生，2023）。

三是高校产学研合作方面的研究。有学者研究了高校异地办学的特征与问题，提出异地办学校区在资源依赖的环境下，存在对校本部、地方政府等的资源依赖，可以通过扩大规模、凸显特色、强化合作等方式进行突围，摆脱原有资源依赖的发展路径（燕山、郭建如，2020）。也有学者基于资源依赖理论对高校异地研究生教育发展进行分析，认为高校异地研究生教育是地方城市与高等学校之间生存或发展需求，进行资源交换而形成的相互依赖和互利共生的关系，可以分为"大学城"模式、"服务产业"模式、"借鸡生蛋"模式、"国科大"模式和"逆流西扩"模式，地方政府应促进与高水平大学之间的互动合作，结合自身发展定位和产业需求，与高校深入合作培养研究生，促进高水平大学投入优质资源，提升本地高等教育水平（贺璞等，2023）。对政产学研的关系研究也是另一个重要主题，例如，有学者基于资源依赖理论分析新型高等教育机构与创新型城市之间的资源依赖和协同互动关系，以清华—伯克利深圳学院为案例开展研究，考察了新型高等教育机构、创新型政府和创业型企业之间的资源需求与优势，探究由此塑造的"高校—政府—市场"协同互动关系，指出应树立开放融合的理念，构建协调治理机制，以实践需求为导向，形成战略联盟等方式促进双方的协同发展（韩双淼、李敏辉，2023）。

第二节 文化领导力理论

一、文化领导力理论概述

在治理能力现代化的进程中，高校面临的最大挑战就是对高新知识和高新技术及其创新具有决定性影响的高等教育领导者治理能力的现代化，提升大学领导力是实现治理能力现代化的必经之路（眭依凡，2021）。高校作为重要的文化场域，是否具有一种强大的学校文化是决定其可持续发展和长期成功的重要因素。文化领导力是一个结合了文化和领导力两个重要领域的研究主题，它探讨的是如何通过文化的力量来引导和激励人们朝着既定目标前进的能力。Trice（1991）在研究领导力对组织文化的影响时首次提出了组织中的文化领导力（Cultural Leadership），认为领导者不仅仅创造或改变了文化，领导力本身也在塑造文化的过程中扮演了重要角色。Beyer（1999）进一步将文化领导力定义为影响组织成员所共享的信仰、价值观和规范，以及通过这些文化形式表达出来的意识形态的能力，文化领导力涉及的社会过程需要文化领导者的努力，他们需要创造或识别出能够减少人们不确定性的一套观念，使这些观念易于理解、令人信服，广泛传播这些观念，以便其他人能够接受它们。近年来，随着全球化的加速和知识经济的发展，文化领导力的研究受到了越来越多的关注。从理论视角看，领导者影响组织文化是一个意义赋予和建构的过程，组织文化的表现和维护最终都是通过个人意义建构来实现的（Harris，1994）。因此，文化领导力研究的一个核心问题就是组织领导者的行为特征或风格及其与组织文化的关系。

例如，有学者研究了领导风格和企业文化之间的系统关系，认为变革型领导会导致较强的发展导向型企业文化，而交易型领导可能导致较强的经济导向型企业文化（陈维政、忻蓉、王安逸，2004）。我国学者曲庆等通过开放式问卷调查、对 67 位经理开展结构化访谈及对 10 位优秀企业家的二手资料进行研究，识别出文化领导力最关键的 12 个维度：明确理念、宣传灌输、阐释明理、树立榜样、率先垂范、关怀员工、勇于担当、坚持不懈、任人唯贤、奖惩分明、感召鼓舞和营造氛围（曲庆等，2018）。

二、高校文化领导力的研究

高校文化领导力的研究主要包括两个层面：一是高校领导层作为一个整体对高校内部组织及成员产生的领导力，二是领导者个人即高校领导者个人的领导力。

有学者基于高校文化领导力与治理能力的关系，从思想力、组织力、决策力、制度力、资源力、文化力及校长力等 7 个方面构建了高校文化领导力要素模型，其中文化力即文化影响力，高校文化在高校治理中具有目的深层性、要求隐蔽性、过程渗透性和影响持久性等特点（眭依凡，2021）。还有研究基于领导力"五力模型（前瞻力、感召力、决断力、影响力和控制力）"，通过学校党委书记、校长、中层干部和教授 4 类群体对校长领导力进行测评，发现这 4 类群体在领导力评分的均值上存在显著差异，教授群体对校长领导力的评价明显低于其他主体（杨则扬、钟伟军，2019）。有学者认为，学校文化具有文化"场"和文化"能"两种属性，其中文化的"场"体现的是学校文化的静态存在和群体认同，而学校文化的"能"体现了学校文化的动态力量和整体势能，认为应通过聚焦学校共同体文化的价值共识，激活学校共同体文化的内驱效能等方式构建学校文化领导力（宫珂，2020）。还有学者从组织变革的角度强调了学校校长领导力的重要性，认为学校组织变革的实质就是学校文化的重塑，因此就需要校长具备良好的文化领导力，校长应扮演"唤醒者""播种者""激励者"的角色，重在诊断文化、共享领导、传递意义、建构专业共同体和培育信任中强化文化领导力（朱炜，2013）。

第三节　学科生态系统理论

一、学科生态系统理论概述

学科是大学赖以生存的基本单元，是大学这一生命体的骨骼和动脉。专业以学科为依托、为后盾，学科又为专业建设提供发展的最新成果和可用于教学的新知识，以此进行师资培训和为师生提供科学研究平台。大学，是由一个个学科、专业组合而成的，学科是展示大学特色与水平的标志，没有学科就没有大学。建设一流学科是建成一流大学的基础，建设一流学科本身就是建设一流大学。因此，实现高水平的学科建设对于大学而言是最为关键的工作任务。

学科作为由知识内在逻辑组织的知识体系有其自身的科学发展逻辑，但学科在大学中又通常体现为一种组织，一级学科通常在大学里以学院的形式呈现。因此，学科建设就涉及两个相互交叉的逻辑：按照知识体系的理论构建和按照组织制度的安排，学科的知识体系构建寻求学术自由和无边界性，但学科的组织制度安排寻求支持学科发展的制度保障和确定边界。从单一学科内部来看，学科的组织结构、决策程序、治理方式、激励制度和学科发展阶段的匹配程度，直接影响学术共同体进行的知识生产、传播和应用（武建鑫，2017）。从学科间的互动来看，多个不同学科又共同构成了一个生态，不同学科之间的相互联系、相互支撑是产生新知识的重要条件。因此，从组织角度对学科开展研究时，学者们常常借用生态学的术语来隐喻学科组织的发展和演化，也被称为组织生态学。

组织生态学理论，由 Hannan 和 Freeman 在 1989 年提出，是一个用于分析组织种群随时间变化和发展的框架（Hannan and Freeman，1989）。该理论基于生物学和生态学的视角，探讨了组织如何通过创建、成长、转型、衰落和死亡等阶段进行演化，强调了组织种群内部的动态机制，包括组织多样性的增加和减少，以及组织与其环境之间的相互作用。将生态学思想用于高等教育领域的研究可以追溯至英国学者 Ashby 在其 1966 年出版的《英国、印度和非洲的大学：高等教育生态学研究》一书，Ashby 首次将生态学应用于高等教育领域，将大学视为一个复杂有机的统一系统，为学科生态系统奠定了理论基础。根据生态学的理论和方法，自然生态系统中通常包括有机体、种群、群落、生态系统 4 个组成部分，对应到学科生态系统中，学科可以分为学科个体、学科种群、学科群落和学科生态系统。一级学科可以视为学科个体，理论同源或发展相近的几个一级学科可以视为学科种群，多个不同学科种群构成学科群落，所有学科门类共同构成了学科生态系统（Discipline Ecosystem）。由此可见，学科生态系统主要研究的是学科组织的生长演化、学科组织群落的有机联系，以及学科系统与外部环境之间的互动生长关系。

二、学科生态系统的研究

当前对学科生态系统的研究主要包括两个方面：一是将生态学中的种群、群落、生态位、承载力等思想用于解释学科之间的复杂关系，例如，翟亚军和王战军认为大学学科系统是具有开放性的耗散结构系统、具有多维镶嵌性质的立体网状结构系统和具有自组织功能的动态平衡系统，因此大学学科建设必须恪守适应性理论、平衡理论、生态位理论和竞争与共生理论（翟亚军、王战军，2006）。也有学者基于生态学的视域分析了我国一流大学建设高校的学科生态，认为一流大学学科生态系统在不同层面展现出不同的结构特征，呈现出学科个体的自我生长进化、学科之间的竞争合作和学科生态系统的动态调整与平衡等进化机理（宋亚峰等，2019）。二是基于生态系统的相关理论构建学科生态系统的基本框架，如有学者基于组织生态学的视角对学科生态系统的框架和演化进行研究，提出学科生态系统是一个自然演化、动态生长和自我调控的组织网络，是由学科组织、耦合网络、治理结构、绩效考核4个方面组成的，其演化机理主要体现在学科组织个体的生长、学科组织之间的竞争与合作，以及学科生态系统与环境之间的动态调控（武建鑫，2017）。学科生态系统的基本架构同时涉及学科组织成长、学科系统结构和大学组织制度3个方面，学科组织成长与学科系统结构之间的互动关系体现在形成学科群落，学科系统结构与大学组织制度之间的互动关系体现在促进系统内部的跨学科研究和教育，学科组织成长与大学组织制度之间的互动关系体现在学术氛围和学术声誉的相互影响作用（武建鑫，2020）。

对于行业特色高校，也有学者基于学科生态系统理论开展了相关研究。例如，有学者指出行业特色高校面临学科生态环境渐变、生态结构疏散与生态功能弱化等学科发展生态困境，认为行业特色高校应通过坚持与行业产业协同发展、以"锚定一流"为目标动态调整学科与科研结构、推进治理结构改革和文化创新等方式实施学科生态系统重构（张梅珍，2015）。还有学者基于学科生态系统的视角，研究了地方行业特色高校的一流学科建设策略，认为地方行业特色高校面临着学科内容老化严重、学科交叉融合不足、学科发展潜力受限等问题，应确立"学科特色型"办学定位，重视"学科生态"的结构调整，强化高校在组织层面对学科交叉的支持，为学科生态系统建设提供制度供给和资源保障（姚书志等，2021）。

第四节　价值共创理论

一、价值共创理论概述

价值共创是营销学领域的一个重要理论。价值共创理论的诞生与服务经济的兴起紧密相关，随着产品和服务逐渐融合，Vargo 和 Lusch 提出服务主导逻辑（service-dominant logic）将会取代产品主导逻辑，认为一切经济都是服务经济，企业和顾客通过互动共创价值（Vargo and Lusch，2004）。从企业战略和市场营销的角度看，Prahalad 和 Ramaswamy 将价值创造定义为组织和顾客（或用户）在消费的不同阶段以互动的方式共创产品或服务来创造价值的过程（Prahalad and Ramaswamy，2004）。此后，价值共创成为实践界和理论界的关注焦点，价值创造的方式逐渐由生产者单独创造价值转变为生产者和消费者共同创造价值。Vargo 和 Lusch（2008）认为，价值创造最终"提高了消费者的收益"。Grönroos（2008）认为，价值创造是使消费者在某些方面更好的过程。随着经济发展模式的变化，参与价值创造活动的主体、互动关系和结果都发生了显著变化。

从价值共创理论发展路径看，价值共创理论的视角萌芽于共同生产，开始于顾客体验，发展于服务主导逻辑，目前正向服务科学和服务生态系统演进。价值共创理论涉及不同主体之间的合作，从合作主体及关系角度看，顾客体验、早期服务主导逻辑和服务逻辑视角都关注于企业和顾客之间的二元关系，而服务科学和服务生态系统视角关注包括企业、顾客和利益相关者等多个参与者之间的网络关系（简兆权等，2016）。服务生态系统的理论视角创新性地认为企业和顾客在价值共创中的角色不再是静态的，服务生态系统内价值共创的主体具有相对独立和自我调节的特征，其角色区别消失，并将参与价值共创的企业和顾客一般化为社会经济参与者（actor）。基于这一观点，无论是 B2B 互动、B2C 互动、C2C 互动还是 C2B 互动，都可以被一般化为参与者–参与者互动（actor-to-actor，A2A）。因此，价值共创理论的适用范围逐渐超越顾客和企业之间，扩散到包括企业在内的各类组织之间，成为解释组织之间互动的有效理论工具。

二、价值共创理论在高等教育中的研究

在高等教育研究领域，高校作为一个组织，存在政府、企业、教师、学生、社会公众等大量利益共同体，高校在发展过程中通常都会与各种利益共同体进行价值共创，因此价值共创理论也被用于研究高校及其利益相关者之

间的互动和价值创造活动。

Audencia 商学院的 Lisa Thomas 和莫纳什大学商学院的 Veronique Ambrosini 两位学者基于价值共创视角，探讨了美国高校商学院未来的价值创造角色，指出商学院的利益相关者包括内部利益相关者（如院长、教职员工和行政人员）、外部研究利益相关者（如其他高校或商学院的研究学者和资助机构）、实践利益相关者（如雇主、从业者和管理者）、学生利益相关者（如学生和校友）及社区利益相关者（如政府、监管机构、工会、非政府组织、合作社和社会企业社区、媒体和认证机构）等。他们提出，商学院应该将自己视为价值共创者，并且这种价值共创可以在多个价值创造主体之间同时发生，寻找与利益相关者更直接和深入互动的机会，以开发基于这些互动的独特价值。通过这种方式，商学院可以帮助支持、创造和持续维持这些利益相关者的独特使用价值（Value-in-Use，ViU）（Thomas and Ambrosini，2021）。还有国外学者验证了高等教育机构与其利益相关者之间，基于利益相关者理论原则的改进关系可以创造更多价值。研究发现，基于利益相关者理论的原则，如知识与信息共享、相互信任、参与决策过程及战略规划过程中利益相关者利益的一致性，都能够为组织创造更多价值（Langrafe et al.，2020）。

当前关于高校价值共创的研究，根据其共创主体进行划分，主要包括高校与其外部利益相关者的价值共创和与其内部利益相关者的价值共创。

一是高校与其外部利益相关者的价值共创研究，主要聚焦于高校与企业的合作。例如，有学者基于价值共创视角分析了高校协同创新的运作机理，从知识创造、知识集聚、知识传播、知识转移、新知识孕育和外部助推等 6 个能力维度出发，提炼出了影响协同创新绩效的 17 个因素指标，通过仿真研究各指标对创新绩效的影响效应，得到了包含创新精神培养、人力资本、知识存量、创新人才培训、成果转化平台建设、激励机制、跨学科交叉平台建设、制度安排水平和知识产权保护等在内的 9 个关键因素指标，并提出了提升高校协同创新的对策建议（谢为群等，2020）。还有学者对"双一流"大学主导的创新共同体的组织模式和治理机制进行了研究，认为"双一流"大学主导的创新共同体是通过产学交互学习与知识网络化流动促进产学创新能力的协同提升，指出"双一流"大学组织适应性变革应采用更具活力、以知识为基础的资源互补模式，使其充分发挥产学研协同创新体系中的枢纽性节点作用（王凯、吕旭峰，2022）。

二是高校与其内部利益相关者之间的价值共创。例如，针对高校有组织科研问题，有学者基于价值共创视角探讨了价值共创在高校有组织科研中的表现，包括国家战略与高校行动的协同、科研产出与人才培养的融合、自由探索与集中攻关的平衡、内部系统与外部系统的互动等方面，并提出了高校有组织科研的三个策略：一是应基于价值共创目标，明确有组织科研的目标与定位；二是基于价值共创内涵，聚焦于知识创造、人才培养和社会服务开展有组织科研；三是基于价值共创视角，在知识价值、组织价值和市场价值上加强与政府、企业的合作；四是基于价值共创理念，构建生态氛围，建立开放包容的学术环境，鼓励创新并开拓研究领域（李岱素，2024）。基于价值共创对高校创新创业生态系统的治理体系进行案例研究，发现高校管理者是治理体系的主导主体，生态系统组织层次、生态系统环境要素是治理体系的关键部分，根据治理对象与治理背景的差异可综合运用契约机制、考核机制、错位发展机制、利益关联机制、情感传递机制提升治理效能（李韵捷等，

2023）。还有学者基于价值共创研究了学生满意度的影响因素，采用偏最小二乘结构方程模型（PLS-SEM）分析了中国一所大学国际学生的满意度，发现感知价值、感知质量和价值共创是学生满意度的决定因素，指出应投入更多资源让国际学生参与校园管理和服务工作，以改善国际学生的学习体验（Lin et al.，2020）。

第五节　使命驱动型创新理论

使命驱动型创新（Mission-Oriented Innovation，MOI）是一种新兴的创新理论范式，它强调以明确的使命或目标为导向，整合各种资源和参与者，以解决特定的社会挑战或技术难题。这种创新模式超越了传统的市场失灵理论，不仅关注创新的速度和效率，而且重视创新的质量和方向，特别是如何将创新活动与社会需求、公共利益相结合。

使命驱动型创新理论是由英国著名经济学家 Mariana Mazzucato 率先提出。她在其文章 *From market fixing to market-creating: a new framework for innovation policy* 提出了一种使命驱动的创新（Mission-oriented innovation）政策框架，它要求政府等公共机构要领导新技术机会和市场景观的直接创造，采取主动的角色，通过选择特定的变革方向来承担风险，而不是仅仅激励、促进或降低企业等私营部门的创新风险。使命驱动的创新政策通常涉及到长期的、战略性的投资，目的是解决社会挑战，如气候变化、癌症或人口老龄化危机。这些政策要求政府采取更积极的角色，通过明确的任务来引导资源和协调不同的利益相关者，以推动科技创新和经济发展。这些任务不仅仅是关于选择和支持特定的技术或行业，还是关于设定变革的方向，即倾斜（而非平衡）竞争环境以支持某些类型的变革（Mazzucato，2016）。Mazzucato强调使命驱动创新的政策不仅仅是关于市场修复（market fixing），更是关于市场共同创造（market co-creating）和市场塑造（market shaping），强调了通过跨学科、跨行业和跨行动者的创新来选择和定义使命的重要性（Mazzucato，2018）。与传统的产业政策聚焦于特定部门不同，使命驱动型创新政策专注于面向特定使命的重大社会挑战，强调发挥国家在创新过程中的企业家型职能，关注公共部门与私人部门为解决"大挑战"而构建新型合作关系，建立更多信任。

有学者认为，使命驱动型创新是继科学技术创新范式、系统创新范式之后的第三阶段，指出使命驱动型创新超越了传统的市场失灵理论，强调创新不仅要有速度，而且还要有战略方向；创新不是简单修复现有的市场失灵，而是要创造新的市场；政府要主动参与整个创新过程；政府应该具有创造市场的"企业家职能"，特别是基于国家重大战略和公共利益的创新；政府还应主动承担重大创新带来的风险（张学文、陈劲，2019）。还有学者基于传统制造业的关键核心技术突破案例进行分析，发现使命驱动型创新过程包含使命定义、使命实施和使命迭代三个阶段，政府分别发挥了使命动议者、使命组织者和使命参与者作用，主导和参与创新过程，对创新活动的作用方式从直接强干预转向幕后间接参与，企业则从被动安排转向主动攻关（郭淑芬、任学娜，2023）。在使命驱动创新的背景下，作为公共机构的高校，在实现高水平科技自立自强，完成面向国家战略导向的科技创新突破中可以发挥重要的人才和科技支撑作用，为高校科技创新研究提供重要的理论视角和研究框架。

第二篇 新时代行业特色高校的治理模式

第四章 新时代行业特色高校治理现状

第一节 "大学治理"理论的发展

"大学治理"是建设高等教育强国的基础性制度，也是国家治理体系中的重要内容。党的十八届三中全会提出"推进国家治理体系和治理能力现代化"，治理逐渐成为社会关注的焦点。党的十九届四中全会提出的"加强党的领导"与"推进大学治理现代化"，为中国特色大学治理现代化提供了基本遵循。《中华人民共和国国民经济和社会发展第十四个五年规划和2035年远景目标纲要》对高等教育发展提出了"推进高等教育分类管理和高等学校综合改革，构建更加多元的高等教育体系"的新要求。党的二十大报告进一步明确了"坚持教育优先发展""坚持以人民为中心发展教育，加快建设高质量教育体系"的总体要求。因此，大学治理作为教育治理体系的重要组成部分，是实现教育治理现代化、推动高等教育高质量发展的关键。

大学治理主要关注大学组织决策权力的分配，寻找一个良好的治理结构来确保大学作为一个组织的高效运行，是中国大学治理改进的关键（周光礼、郭卉，2020）。综合当前已有文献，本书将大学治理从宏观、中观和微观三个维度分为系统层面的治理（宏观）、大学层面的治理（中观）和大学基层学术组织层面（微观）的治理三个方面。

一、关于系统层面的治理研究

这一层次的研究主要关注政府与大学之间的关系，即政府与大学如何配置权力以扩大和落实大学的办学自主权。从全球范围来看，高等教育系统治理主要有两种典型模式：一种是以罗马为代表的欧洲大陆传统高等教育模式，认为大学是政府的附属机构，学术系统与政治系统交叉重叠，政府具有控制和规范大学的全部权力，但政府也同时给予学者追求真理的自由（周光礼，2019）。法国、苏联及改革开放前期的中国等采用了这种治理模式，虽然能够有效保证大学为国家服务的定位，但过度的政府干预可能导致创新效率低下和学术自由受到损害。第二种模式是以英国、美国、加拿大为代表的盎格鲁–撒克逊传统高等教育模式，强调大学的独立性和自主性，认为大学应与政府保持一段有尊严的距离，并强调学术自由、学术自治和学术中立的原则。新中国成立以来，我国大学与政府的关系经历了三个主要阶段：一是计划经济时代的行政化关系，政府对大学的直接领导涵盖了从办学定位、办学规模、预算编制、学术标准、管理人员任命、课程设置、科研活动等方方面面；二是改革开放后大学与政府关系的多元化，政府可以运用除行政手段外的经济手段对高校施加影响，导致大学与政府的关系呈现出明显的经济化特征；三是21世纪以来治理现代化下的大学去行政化，政府需要实现从管制型向服务型转变，从政策治校向服务治校转变，从强势政府的单边治理向政府、社会、公民共治转变，以及从"善政"向"善治"转变（龙献忠，2004；

胡建华，2019）。

二、关于大学层面的治理研究

这一层次主要关注大学内部如何分配决策权。大学治理层面的研究主要包括对大学内外部与大学决策相关的利益相关者的研究，包括法人治理结构、大学董事会、大学校长、教师与学生委员会、学生参与、大学章程等方面。

关于大学法人治理结构的研究。建立法人治理结构最早源于企业为解决所有权与控制权分离引发的"委托代理"问题，通过建立由股东会、董事会、监事会、经理组成的相互制衡的组织机构，实现公司的健康运作。借鉴企业法人治理结构的思想，美国大学普遍建立了董事会与大学相互制衡的法人治理结构。我国《高等教育法》规定了"高等学校的组织"主要是"四权"结构，分别为中国共产党高等学校基层委员会（高校党委）的"领导权"（第39条）、高校校长的"行政管理权"（第41条）、学术委员会的学术权力（第42条）、教职工代表大会的"民主管理和监督之权"（第43条）。《高等教育法》阐释的高校法人治理结构主要包括三项重要的理念：一是坚持高校党委领导下的校长负责制，二是学术权力相对独立，三是决策权、执行权、监督权既相互制约又相互协调。

在大学董事会研究方面，董事会是欧美大学治理的核心制度，美国约1500所公立高等学校中，有500多所学校设有独立董事会，其他1000多所学校也受不同形式的董事会领导（熊怡，2014）。世界上第一个高校董事会于1642年在哈佛学院成立，大学董事会是大学的最高权力机构，是大学的法人，具有裁决包括大学办学定位、修订大学章程、选聘校长、财务审批、绩效评估等各种学校事务的权力。近年来，我国公办和民办高校也在探索建立董事会制度。国内学者主要对美欧等国外大学董事会结构、职能及国内大学董事会的制度开展研究。美国大学治理结构最大的特点是"外行领导内行"，即董事会成员均为"社会上取得良好声誉和拥有良好资源的外部人"（王佳等，2020），以高级管理人员为主体的校外董事也是英国大学董事会的 4 种成员之一（傅茂旭、于洪波，2021）。有学者将中国大学董事会定位为监督机构而非决策机构，提出中国特色的大学董事会（理事会）制度必须要坚持党委领导下的校长负责制，可以探索建立"党委领导—校长负责—董事会监督"的治理模式（贺永平、周鸿，2017）。

在大学校长研究方面，大学校长是大学内部治理机构中的执行机构，选择具有专业管理能力和战略远见的大学校长对于提升大学治理能力现代化水平具有重要意义。当前文献主要集中于对大学校长胜任力、专业化等问题的研究。大学校长是集职业管理者与专业教育家于一身的专业领导工作，需要具有多元化的管理经验，懂得教育规律，了解大学运行并精通学术管理（刘玉静，2012）。有学者基于 2000—2020 年期间"双一流"建设高校校长的数据，将大学校长分为 7 种类型，分别是内部领导型、教育专长型、学术专长型、活动专长型、教育影响型、学术影响型和全面领导型，其中学术专长型和学术影响型是新时代大学校长的主要类型（靳天宇等，2023）。也有学者对美国 1546 所大学校长进行调查分析，总结出美国大学校长群体的 5 个特征：一是校长群体构成多元化，女性和少数族裔不断增加；二是校长多具有博士学位且以人文社科背景的学术精英为主；三是校长晋升具有开放性和流动性；四是校长的遴选注重发挥市场机制和社会力量的作用；五是校长高度重视大学经费筹措和管理（姜朝晖等，2018）。

在教师及学术委员会研究方面，中央办公厅于 2014 年印发的《关于坚持和完善普通高等学校党委领导下的校长负责制的实施意见》提出要完善协调运行机制，并特别提出探索教授治学的有效途径及健全师生员工参与民主管理和监督工作的机制。因此，国内学者也从教授和普通教师参与学校治理两个方面开展研究。作为高校最高学术机构的学术委员会是教授治学的重要组织形式，学术委员会基本上按照"民主选举—会议协商—投票表决"的方式运行，并可以通过不同尺度的管理权限参与学术道德、学科建设、学术评价等学术性事务（徐自强、严慧，2019）。为了实现真正有效的教授治学，应该从高校内部权力耦合机制、组织融合机制、文化契合机制和法治保障机制等多方面进行创新优化（赵凤娟、毕宪顺，2018）。随着我国高等教育改革的推进，普通教师参与大学治理的广度和深度不断提高，普通教师在高校治理中的地位不断提升，教师参与治理的制度化、法制化、规范化不断加强。然而，受到参与治理机会不均等、治理权力配置不均衡、参与环境不完善等因素的影响，我国大学教师参与高校内部治理仍存在困境：一方面，大学教师参与度较低，且呈现机械式、被动式参与的特征；另一方面，对于与个人利益不密切的公共事务，教师参与意愿不高（孟新、李智，2018）。教职工代表大会（简称"教代会"）是由学校教职工代表选举组成的代表大会，是高校教师参与大学内部治理和监督的一种方式，同时也是对学校进行民主监督和管理的重要方式，在大学治理、科学决策、发展建设、民主管理和监督等方面发挥了重要作用。

在学生参与大学治理方面，学生作为大学重要的利益相关者参与治理已经得到普遍认可，学生参与高校治理是高校实施民主管理的重要举措之一。然而，由于内部治理结构不健全，我国还没有真正意义上的学生参与大学治理，学生权力被笼统地涵盖在"民主管理"之中，大学治理呈现出"学校强势于教师、教师强势于学生"的现象（周光礼、郭卉，2020）。有研究从学生权力话语体系构建的角度对 84 所中央部属高校的大学章程文本进行内容分析，发现：一是当前大学章程中学生权利话语与"权利理论""权利知识谱系"形成完整意义上的逻辑性对接尚显不足；二是章程话语体系常常不能系统、客观、准确地表达权利愿望，形成了权利观念与话语呈现之间不同轨的现象；三是章程以趋同化、泛在性的表述居多，人本性元素匮乏、程序性要求不彰（何晨玥、金一斌，2015）。这种制度层面的限制也造成学生参与学校治理的意识不强、自主意识薄弱、动机功利化、知识与技能缺乏等问题，应该通过明确大学生参与大学治理的功能定位、完善大学生参与制度设计、创新参与渠道和平台等方式提升学生参与大学治理的水平（董柏林，2018）。

在大学章程研究方面，国内研究主要集中于两个方面，一是对大学章程本身对于大学治理的作用进行分析，二是对各高校已经发布的大学章程进行文本分析总结其特征和问题。大学章程起源于西方，我国大学章程建设起步较晚，于 1998 年颁布的《中华人民共和国高等教育法》明确了高等学校的法人地位，明确了高等学校章程应该规定的事项，制定大学章程已经成为大学发展的必要条件。2011 年，教育部颁布了《高等学校章程制定暂行办法》，明确要求高校要在 2012 年内全面启动章程制定或修改工作。此后，大学章程建设工作进入快速推进期，很多学者就大学章程的价值、内容、性质、法律地位等方面进行了研究。有研究认为大学章程具有三个特点：一是在形式上，大学章程是政府与公办高校签署的行政契约；二是在内容上，大学章程既是办学许可证，也是治理委员会和管理层的运行规则；三是从效力上看，大学章程是法律的延续，对政府、公办高校、理事、管理人员等均具有约束力（周光礼，2014）。采用文本分析方法对各校大学章程进行分析是已有研究的共同特点。例如，有研究通过对"一流大学"建设高校的大学章程进行文本分析发现，制约高校有效治理的因素主要包括：党委领导下的校长负责制配套制度有待完善，学术委员会的地位和作用难以彰显和发挥，师生参与学校民主管理的操作机制仍需健全（李玲玲、蔡三发，2018）。

三、关于大学基层学术组织层面治理的研究

大学基层学术组织层面的治理是一种微观层次的治理，其核心问题是实现学校和学院之间的权力有效配置及如何促进学院/院系内学术人员的参与。学院虽然是大学这一组织中的二级机构，但是因其是基于某一专门领域的学科知识组成，因此具有较强的独立性，如何协调大学与学院的关系，能够在保障学院独立性的同时又能促进大学作为一个整体统筹发展，是国家高等教育改革面临的重要课题之一，也是完善高校内部治理结构的重点。2017 年，教育部等五部门发布《关于深化高等教育领域简政放权放管结合优化服务改革的若干意见》，明确要求"推动高校进一步向院系放权"。然而，在实际执行中，院系治理通常存在诸多困境：一是学校-院系关系难以理顺的困境，学校向院系下放的权力"有限"，且院系对学校下放的权力"承接乏力"；二是学院内部治理中院系领导体制及其有效运行的问题，在院系治理过程中，党政分工、共同负责制的治理水平仍需提升；三是把党的领导和党的建设优

势转化为院系治理最大效能的问题；四是学术权力作用有效发挥的问题（胡华忠，2020）。为了解决院系治理中存在的问题，C9①联盟高校进行了有益的探索，主要包括 4 个方面：一是建立健全以学术委员会为核心的学术决策体制，充分发挥学术委员会在学术事务中的决策、审议、评定和咨询作用。例如，上海交通大学明确提出"要完善院校两级学术委员会运行机制，充分发挥院校两级学术委员会在学科建设、专业设置、学术发展、学术评价等事项中的重要作用"。二是推动组织结构扁平化为特征的机构改革。在学校层面精简机构，通过整合行政职能部门，提升校部机关谋划运作、组织协调、监督管理及综合服务能力，在学院层面搭建扁平化的组织机构，探索课题组长制和跨学科机制，落实"教授治学"。例如，复旦大学通过梳理学校现有教学科研机构，逐步调整和规范校内二级单位设置，以一级学科或若干学科为基础，把学院建设成为统筹人才培养和学科、平台建设的办学实体。三是开展以管理重心下移为标志的权力配置改革，将校部的部分行政权力移交给院系等基层学术组织。例如，清华大学积极发挥院系主体作用，将学术评价、副高级及以下专业技术职务的聘任、人才引进和薪酬调整等权力下放到院系。四是建立基层学术组织的评估和问责机制，包括外部社会问责、学校行政问责及学院程序问责等。例如，哈尔滨工业大学提出加强和完善校院两级学代会、研代会建设（周光礼，2019）。

第二节　行业特色高校的共建现状

高校共建可以追溯至 1985 年颁布的《中共中央关于教育体制改革的决

---

① 九校联盟，简称C9或9校联盟，由北京大学、清华大学、哈尔滨工业大学、复旦大学、上海交通大学、南京大学、浙江大学、中国科学技术大学、西安交通大学等9所高校组成，成立于2009年10月。——作者注

定》中提出的对我国高等教育管理体制进行改革的思想。1994 年至 1996 年期间，原国家教委召开了 3 次高教管理体制改革座谈会，规范地提出了在实践中形成的 5 种改革形式，即"共建""合作""合并""协作"和"划转"。1995 年 7 月 19 日，国务院办公厅转发原国家教委《关于深化高等教育体制改革的若干意见》（以下简称《意见》）。《意见》提出，要着重抓好高等教育管理体制改革，行业特色高校划转成为我国高等教育管理体制改革的一项重要内容。教育部、财政部、原国家计委等有关部门在"共建、调整、合并、合作"的八字方针和有关原则的正确指导下，对原中央业务部门管理的 200 余所行业特色高校分批次进行了调整和划转。1998 年，对原机械部、煤炭工业部等 9 个国务院部门所属 211 所院校进行了管理体制的调整，其中有 14 所高校实行了共建，其中由中央部委与省、直辖市共建 13 所，由省与省内地级市共建的 1 所①；1999 年，对原国防科工委等五大军工总公司所属的 25 所普通高校进行了管理体制调整②；2000 年，对原铁道部等国务院部门（单位）所属的 161 所高等院校进行了调整③。经过此次改革，原来国务院有关部门直接管理的 367 所普通高校，改革后有近 250 所高校实行了省级政府管理、地方与中央共建的体制，克服了部门和地方条块分割、重复办学、资源浪费的弊病，形成了中央和省级政府两级管理，以省级政府管理为主的我国高等教育管理体制。

一、教育部直属行业特色高校共建现状

行业特色高校曾长期隶属于所在行业主管部门，虽然在划转到教育部或

---

① 数据来源：1998年7月1日国务院《关于调整撤并部门所属学校管理体制改革的决定》。——作者注
② 数据来源：1992年2月10日国务院办公厅转发教育部等部门《关于调整五个军工总公司所属学校管理体制实施意见的通知》。——作者注
③ 数据来源：2000年2月12日国务院办公厅转发教育部等部门的《关于调整国务院部门（单位）所属学校管理体制和布局结构的实施意见》。——作者注

地方政府后隶属关系发生了变化，但其与所在行业所保持的紧密联系并没有改变，因此在划转后存在较为普遍的与行业部门或行业龙头企业共建的现象，这是行业特色高校区别于其他高校的一个显著特征。我们分别梳理了由原行业部门或行业龙头企业划转到教育部、工业和信息化部及地方政府的行业特色高校的共建情况，其中教育部直属行业特色高校的共建情况如表4-1所示。

表4-1　教育部直属行业特色高校共建情况①

原隶属部门	学　　校	共　建　单　位
冶金工业部	北京科技大学	教育部、国防科工局、上海宝钢集团公司、鞍山钢铁集团公司、武汉钢铁集团公司、首钢集团总公司
冶金工业部	东北大学	教育部、辽宁省政府、沈阳市政府
化学工业部	北京化工大学	教育部、国防科工局、应急管理部、中国石油化工集团公司
机械工业部	合肥工业大学	教育部、工业和信息化部、安徽省政府
中国纺织总会	东华大学	教育部、上海市政府
信息产业部	西安电子科技大学	教育部、国防科工局、陕西省政府、西安市政府、中国电子科技集团公司
信息产业部	北京邮电大学	教育部、工业和信息化部
信息产业部	电子科技大学	教育部、工业和信息化部、国防科工局、四川省政府、成都市政府、中国电子科技集团公司
中国石油天然气集团公司	中国石油大学（北京）	教育部、中国石油天然气集团公司、中国石油化工集团公司、中国海洋石油总公司、神华集团有限责任公司、陕西延长石油（集团）有限责任公司
中国石油天然气集团公司	中国石油大学（华东）	教育部、山东省政府、中国石油天然气集团公司、中国石油化工集团公司、中国海洋石油总公司、神华集团有限责任公司、陕西延长石油（集团）有限责任公司

① 数据来源：各校官网、大学章程等公开信息。——作者注

续表

原隶属部门	学　　　校	共　建　单　位
水利部	河海大学	教育部、水利部、国家海洋局、江苏省政府
国家煤炭工业局	中国矿业大学	教育部、应急管理部、江苏省政府
国家煤炭工业局	中国矿业大学（北京）	教育部、应急管理部
国土资源部	中国地质大学	教育部、自然资源部、湖北省政府
国土资源部	中国地质大学（北京）	教育部、自然资源部
铁道部	西南交通大学	教育部、四川省政府、成都市政府、中国国家铁路集团有限公司
农业部	中国农业大学	教育部、农业农村部、水利部、北京市政府
农业部	南京农业大学	教育部、农业农村部、江苏省政府
农业部	华中农业大学	教育部、农业农村部、湖北省政府
国家林业局	北京林业大学	教育部、国家林业和草原局、北京市政府
国家林业局	东北林业大学	教育部、国家林业和草原局、黑龙江省政府
国家药品监督管理局	中国药科大学	教育部、江苏省政府
财政部	中央财经大学	教育部、财政部、北京市政府
财政部	上海财经大学	教育部、财政部、上海市政府
中国人民银行	西南财经大学	教育部、四川省政府
司法部	中国政法大学	教育部、北京市政府
国家广播电影电视总局	中国传媒大学	教育部、国家广播电视总局
文化部	中央音乐学院	教育部、文化和旅游部
文化部	中央戏剧学院	教育部、文化和旅游部
文化部	中央美术学院	教育部、文化和旅游部
国家电力总公司	华北电力大学	教育部、中国电力企业联合会、国家电网有限公司、中国南方电网有限公司、中国华能集团有限公司、中国大唐集团有限公司、中国华电集团有限公司、国家能源投资集团有限责任公司、国家电力投资集团有限公司、中国长江三峡集团有限公司、中国广核集团有限公司、中国电力建设集团有限公司、中国能源建设集团有限公司、广东省能源集团有限公司
中国人民银行、对外贸易经济合作部	对外经济贸易大学	教育部、商务部
铁道部、国家电力公司	北京交通大学	教育部、交通运输部、北京市政府、中国国家铁路集团有限公司

续表

原隶属部门	学 校	共建单位
财政部、司法部	中南财经政法大学	教育部、财政部、湖北省政府
交通部、国土资源部、建设部	长安大学	教育部、交通运输部、自然资源部、住房和城乡建设部、陕西省政府
中国轻工业总会	江南大学	教育部、江苏省政府
国家建筑材料工业局、中国汽车工业总公司、交通部	武汉理工大学	教育部、交通运输部、国防科工局、湖北省政府
农业部、国家林业局	西北农林科技大学	教育部、科学技术部、农业农村部、水利部、国家林业和草原局、中国科学院、陕西省政府

对于教育部直属的行业特色高校，与教育部共建的主体主要包括 3 种类型：一是行业部门，如工业和信息化部、农业农村部、财政部等；二是行业龙头企业，主要以电力、石油化工、铁路运输等国家垄断行业为主；三是地方政府，主要是行业特色高校所在地的省级政府，部分高校所在地的地级市政府也参与了共建。因此，根据共建的参与方数量，可以将行业特色高校的共建分为双方共建、三方共建和多方共建 3 种模式，如表 4-2 所示。

表 4-2 教育部直属的行业特色高校共建的 3 种模式

共建模式	共建主体
双方共建	教育部与行业部门、教育部与行业龙头企业、教育部与地方政府
三方共建	教育部与行业部门和行业龙头企业、教育部与行业部门和地方政府、教育部与行业龙头企业和地方政府
多方共建	教育部与行业部门、行业龙头企业、地方政府等

在本研究所统计的 38 所教育部直属行业特色高校中，教育部与行业部门和地方政府三方共建模式最为普遍，达 15 所，占比 39%；教育部与行业部门双方共建模式其次，占比 21%，例如划转前隶属于文化部的中央戏剧学

院、中央美术学院、中央音乐学院，均由教育部与文化和旅游部共建，划转前隶属于信息产业部的北京邮电大学由教育部与工业和信息化部共建；教育部与地方政府双方共建模式的有 6 所，占比 15.7%，例如划转前隶属于国家食品药品监督管理局的中国药科大学由教育部与江苏省政府共建，划转前隶属于中国人民银行的西南财经大学由教育部与四川省政府共建；教育部与行业龙头企业双方共建的有 2 所，分别是中国石油大学（北京）由教育部与中国石油天然气集团公司、中国石油化工集团公司、中国海洋石油总公司、神华集团有限责任公司、陕西延长石油（集团）有限责任公司共建，华北电力大学由教育部与国家电网有限公司、中国南方电网有限公司、中国华能集团有限公司、中国大唐集团有限公司、中国华电集团有限公司、国家能源投资集团有限责任公司、国家电力投资集团有限公司、中国长江三峡集团有限公司、中国广核集团有限公司、中国电力建设集团有限公司、中国能源建设集团有限公司、广东省能源集团有限公司等 12 家特大型电力集团和中国电力企业联合会组成的理事会共建。教育部直属行业特色高校的共建模式比例如图 4-1 所示。

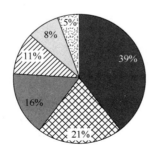

　　教育部与行业部门、地方政府共建　　　　⊠ 教育部与行业部门共建
　　教育部与地方政府共建　　　　　　　　　☑ 教育部与行业部门、行业龙头企业共建
　　教育部与行业龙头企业、地方政府共建　　☒ 教育部与行业龙头企业共建

图 4-1　教育部直属行业特色高校共建模式比例图

　　教育部直属行业特色高校的共建具有一些共性特征：一是所有教育部直属的行业特色高校都存在一定程度的共建，这表明共建是行业特色高校在宏观层面或者系统层面的一种重要治理模式，有利于行业特色高校获取更多外部资源；二是参与共建的行业部门或行业龙头企业多为行业特色高校在划转前所隶属的行政部门或行业企业，这表明行业特色高校在划转后仍通过共建的方式继续获得原行业部门或行业企业的相关支持；三是绝大多数高校都与高校所在地政府建立了共建关系，尤其是划转到北京以外地方政府的高校都与所在地省级政府实现了共建，部分高校如西安电子科技大学、电子科技大学甚至还实现了与所在地级市政府的共建。究其原因，一方面，划转到京外的行业特色高校由于与其原属的行业部委在地域上真正的"脱离"了，其对地方政府的办学支持需求更为强烈；另一方面，地方政府对于行业特色高校在促进其区域经济社会发展中的推动作用也有很高的期待。

二、工信部直属行业特色高校共建现状

　　工业和信息化部直属高校共建情况如表 4-3 所示。对于划转到工业和信息化部直属管理的 7 所高校，都由工业和信息化部与教育部和所在地政府共建，其中北京航空航天大学、南京航空航天大学、哈尔滨工程大学还分别与中国工程院、中国民航局和中国人民解放军海军签署了共建协议。

表 4-3　工业和信息化部直属高校共建情况①

原隶属部门	学　校	共　建　单　位
中国航空工业总公司	北京航空航天大学	工业和信息化部、教育部、北京市政府、中国工程院

---

① 数据来源：各校官网、大学章程等公开信息。——作者注

续表

原隶属部门	学　　校	共　建　单　位
中国航空工业总公司	南京航空航天大学	工业和信息化部、教育部、中国民航局、江苏省政府
中国航空工业总公司	西北工业大学	工业和信息化部、教育部、陕西省政府
中国兵器工业总公司	北京理工大学	工业和信息化部、教育部、北京市政府
中国兵器工业总公司	南京理工大学	工业和信息化部、教育部、江苏省政府
中国航天工业总公司、建设部	哈尔滨工业大学	工业和信息化部、教育部、黑龙江省政府
中国船舶工业总公司	哈尔滨工程大学	工业和信息化部、教育部、中国人民解放军海军、黑龙江省政府、哈尔滨市政府

三、地方行业特色高校共建现状

对于划转地方的行业特色高校，本研究根据王亚杰等关于行业划转院校的统计（王亚杰、陈岩，2020），梳理了共 139 所由原行业部门或行业龙头企业划转到地方管理的本科院校的共建情况，包括 114 所整建制划转到地方的本科院校、12 所划转地方后合并其他学校的高校，以及 13 所划转地方后与其他同类型高校合并的高校，如表 4-4 所示。

表 4-4　划转到地方的行业特色本科院校共建情况[①]

原隶属部门	学　　校	共　建　单　位
中国有色金属工业总公司	北方工业大学	北京市政府、教育部
纺织工业部	北京服装学院	无共建
国内贸易部	北京物资学院	无共建
国家旅游局	北京第二外国语学院	北京市政府、文化和旅游部
国家广电总局	北京电影学院	北京市政府、教育部、国家广播电视总局
文化部	北京舞蹈学院	无共建

[①] 数据来源：各校官网、大学章程等公开信息。——作者注

续表

原隶属部门	学　校	共 建 单 位
文化部	中国戏曲学院	北京市政府、文化和旅游部
中国石油化工总公司	北京石油化工学院	无共建
国家新闻出版总署	北京印刷学院	北京市政府、国家新闻出版署
中国轻工总会	天津科技大学	无共建
纺织工业部	天津工业大学	天津市政府、教育部、国防科工局
国家劳动总局	天津职业技术师范大学	天津市政府、教育部、人力资源和社会保障部
国内贸易部	天津商业大学	无共建
机械工业部	燕山大学	河北省政府、教育部、工业和信息化部、国防科工局
煤炭工业部	华北理工大学	河北省政府、应急管理部、国防科工局
国土资源部	河北地质大学	河北省政府、自然资源部
铁道部	石家庄铁道大学	河北省政府、教育部、国防科工局、国家铁路局
煤炭工业部	河北工程大学	河北省政府、水利部
机械工业部	太原科技大学	无共建
兵器工业总公司	中北大学	山西省政府、工业和信息化部、国防科工局
中华全国供销合作总社	山西财经大学	无共建
中国轻工总会	大连工业大学	无共建
冶金工业部	辽宁科技大学	无共建
化学工业部	沈阳化工大学	无共建
煤炭工业部	辽宁工程技术大学	辽宁省政府、应急管理部
国防科工委	沈阳理工大学	辽宁省政府、国防科工局、中国兵器工业集团有限公司、中国兵器装备集团有限公司
国防科工委	沈阳航空航天大学	辽宁省政府、教育部、中国航空工业集团公司
铁道部	大连交通大学	辽宁省政府、国家铁路局
农业部	沈阳农业大学	辽宁省政府、农业农村部
国家中医药管理局	沈阳药科大学	无共建
财政部	东北财经大学	辽宁省政府、教育部、财政部
石油化工集团公司	辽宁石油化工大学	辽宁省政府、中国石油天然气集团公司、中国石油化工集团公司、中国海洋石油总公司
卫生部	中国医科大学	辽宁省政府、国家卫生健康委员会、教育部
农业部	大连海洋大学	辽宁省政府、国家海洋局
建设部	沈阳建筑大学	辽宁省政府、住房和城乡建设部

续表

原隶属部门	学　校	共　建　单　位
国家体育总局	沈阳体育学院	辽宁省政府、国家体育总局
机械工业部	沈阳工业大学	无共建
中国有色金属工业总公司	长春师范大学	无共建
兵器工业总公司	长春理工大学	吉林省政府、国防科工局、长春市政府
税务总局	吉林财经大学	吉林省政府、国家税务总局
国家电力公司	东北电力大学	无共建
煤炭工业部	黑龙江科技大学	黑龙江省政府、应急管理部
石油天然气集团公司	东北石油大学	黑龙江省政府、中国石油天然气集团公司、中国石油化工集团公司、中国海洋石油总公司
国内贸易部	哈尔滨商业大学	无共建
机械工业部	上海理工大学	上海市政府、国防科工局
交通运输部	上海海事大学	上海市政府、交通运输部
农业部	上海海洋大学	上海市政府、国家海洋局、农业农村部
文化部	上海戏剧学院	上海市政府、文化和旅游部
国家电力部	上海电力大学	无共建
司法部	华东政法大学	无共建
文化部	上海音乐学院	上海市政府、文化和旅游部
国家体育总局	上海体育大学	上海市政府、国家体育总局
国内贸易部	南京财经大学	江苏省政府、国家粮食和物资储备局
化学工业部	南京工业大学	江苏省政府、国防科工局、住房和城乡建设部
中国船舶工业总公司	江苏科技大学	江苏省政府、国防科工局、中国船舶集团有限公司
审计署	南京审计大学	江苏省政府、教育部、财政部、审计署
国家林业局	南京林业大学	江苏省政府、教育部、国家林业和草原局
信息产业部	南京邮电大学	江苏省政府、教育部、工业和信息化部、国家邮政局
中国气象局	南京信息工程大学	江苏省政府、教育部、国家海洋局、中国气象局
石油化工集团公司	常州大学	江苏省人民政府、中国石油天然气集团有限公司、中国石油化工集团有限公司、中国海洋石油集团有限公司
机械工业部	江苏大学	江苏省政府、教育部、农业农村部
建设部、铁道部	苏州科技大学	江苏省政府、住房和城乡建设部

续表

原隶属部门	学　校	共　建　单　位
交通部	南通大学	江苏省政府、交通运输部
中国纺织总会	浙江理工大学	无共建
国内贸易部	浙江工商大学	浙江省政府、教育部、商务部
信息产业部	杭州电子科技大学	浙江省政府、工业和信息化部
文化部	中国美术学院	浙江省政府、教育部、文化和旅游部
质量技术监督局	中国计量大学	浙江省政府、国家市场监督管理总局
煤炭工业部	安徽理工大学	安徽省政府、应急管理部
煤炭工业部	淮北师范大学	无共建
国内贸易部	安徽财经大学	安徽省政府、中华全国供销合作总社
冶金工业部	安徽工业大学	无共建
中国有色金属工业总公司	江西理工大学	江西省政府、教育部、工业和信息化部
中国轻工总会	景德镇陶瓷大学	无共建
中国核工业总公司	东华理工大学	江西省政府、国防科工局、自然资源部、中国核工业集团有限公司
航空工业总公司	南昌航空大学	江西省政府、国防科工局
铁道部	华东交通大学	江西省政府、国家铁路局、中国国家铁路集团有限公司
财政部	江西财经大学	江西省政府、教育部、财政部
化学工业部	青岛科技大学	无共建
冶金工业部	青岛理工大学	无共建
煤炭工业部	山东工商学院	无共建
财政部	山东财经大学	山东省政府、教育部、财政部
国家建材工业局	济南大学	山东省政府、教育部
煤炭工业部	山东科技大学	山东省政府、应急管理部
国内贸易部	河南工业大学	河南省政府、国家粮食和物资储备局
纺织工业部	中原工学院	无共建
机械工业部	河南科技大学	河南省政府、国防科工局
中国轻工总会	郑州轻工业大学	河南省政府、国家烟草专卖局
煤炭工业部	河南理工大学	河南省政府、应急管理部
中国航空工业集团	郑州航空工业管理学院	河南省政府、中国民用航空局
水利部	华北水利水电大学	河南省政府、水利部
国内贸易部	武汉轻工大学	湖北省政府、国家粮食和物资储备局

续表

原隶属部门	学　　校	共　建　单　位
中国纺织工业部	武汉纺织大学	无共建
化学工业部	武汉工程大学	无共建
冶金工业部	武汉科技大学	湖北省政府、教育部、宝钢集团有限公司、鞍钢集团公司、武汉钢铁（集团）公司、首钢总公司、中国冶金科工集团有限公司、中国中钢集团公司
机械工业部	湖北汽车工业学院	湖北省政府、东风汽车集团
电力工业部	三峡大学	湖北省政府、水利部
石油天然气集团公司	长江大学	湖北省政府、农业农村部、中国石油天然气集团有限公司、中国石油化工集团有限公司、中国海洋石油集团有限公司
国家体育总局	武汉体育学院	湖北省政府、国家体育总局
中国包装总公司	湖南工业大学	湖南省政府、国家市场监督管理总局
国家林业局	中南林业科技大学	湖南省政府、国家林业和草原局
煤炭工业部	湖南科技大学	湖南省政府、国防科工局、应急管理部
国家核工业部	南华大学	湖南省政府、工业和信息化部、生态环境部、国家卫生健康委员会、国防科工局、中国核工业集团公司
国家电力公司、交通部	长沙理工大学	湖南省政府、交通运输部
农业部	华南农业大学	广东省政府、农业农村部
国家中医药管理局	广州中医药大学	广东省政府、教育部、国家中医药管理局
中国有色金属工业总公司	桂林理工大学	无共建
信息产业部	桂林电子科技大学	广西壮族自治区政府、工业和信息化部、国防科工局
中国兵器工业总公司	重庆理工大学	无共建
交通部	重庆交通大学	重庆市政府、交通运输部
信息产业部	重庆邮电大学	重庆市政府、工业和信息化部
司法部	西南政法大学	重庆市政府、教育部
石油天然气集团公司	西南石油大学	四川省政府、中国石油天然气集团有限公司、中国石油化工集团有限公司、中国海洋石油集团有限公司
国家体育总局	成都体育学院	四川省政府、国家体育总局

续表

原隶属部门	学 校	共 建 单 位
国家建材工业局	西南科技大学	四川省政府、教育部、国防科工局
国土资源部	成都理工大学	四川省政府、教育部、自然资源部
中国气象局	成都信息工程大学	四川省政府、国家统计局、中国气象局
国家林业局	西南林业大学	无共建
中国有色金属工业总公司	昆明理工大学	云南省政府、国防科工局
纺织工业部	西安工程大学	无共建
中国轻工总会	陕西科技大学	陕西省政府、中国轻工业联合会、中国轻工集团有限公司
机械工业部	西安理工大学	陕西省政府、工业和信息化部
煤炭工业部	西安科技大学	陕西省政府、应急管理部
冶金工业部	西安建筑科技大学	陕西省政府、教育部、住房和城乡建设部
兵器工业部	西安工业大学	陕西省政府、国防科工局、中国兵器工业集团有限公司、中国兵器装备集团有限公司
信息产业部	西安邮电大学	陕西省政府、工业和信息化部
国家统计局	西安财经大学	陕西省政府、国家统计局
司法部	西北政法大学	无共建
石油天然气集团公司	西安石油大学	陕西省政府、中国石油天然气集团有限公司、中国石油化工集团有限公司、中国海洋石油集团有限公司
国家体育总局	西安体育学院	陕西省政府、国家体育总局
机械工业部	兰州理工大学	甘肃省政府、教育部、国防科工局
铁道部	兰州交通大学	甘肃省政府、国家铁路局、中国国家铁路集团有限公司
国内贸易部	兰州财经大学	无共建
农业部	石河子大学	新疆生产建设兵团、教育部
农业部	塔里木大学	新疆生产建设兵团、教育部
中国轻工总会、国内贸易部	北京工商大学	无共建
机械工业部、信息产业部	北京信息科技大学	北京市政府、国防科工局
冶金工业部	内蒙古科技大学	无共建
国内贸易部	重庆工商大学	无共建

　　其中，有 37 所高校没有明确共建情况，占比 27%；在明确共建单位的其余 102 所地方行业特色高校中，由地方政府与行业部门共建的高校最多，共计 51 所，占全部划转地方高校的 37%，例如北京印刷学院由北京市政府、国家新闻出版署共建；其次是采用省部共建模式的高校，有 23 所，占比 16%，例如燕山大学由河北省政府、教育部、工业和信息化部、国防科工局共建。有 8 所高校同时由地方政府与多个行业部门共建，占比 6%，例如河北省政府、应急管理部、国防科工局共建的华北理工大学。有 5 所高校采用了地方政府与教育部共建的模式，如北方工业大学、济南大学、西南政法大学。其余高校采用了地方政府与行业部门、行业龙头企业共建，地方政府与行业龙头企业共建等模式。从共建主体看，地方行业特色高校共建的行业部门中，国防科工局最多，有 21 所地方行业特色高校都由地方政府与国防科工局共建，这也充分反映出国防科工局可以为行业特色高校提供相对充分的资源支撑。地方行业特色高校的共建模式比例如图 4-2 所示。

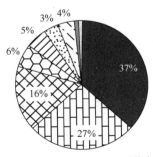

■ 地方政府与行业部门共建　　　　□ 无共建
⊠ 省部共建　　　　　　　　　　　□ 地方政府与多个行业部门共建
▨ 地方政府与行业部门、行业龙头企业共建　▨ 地方政府与教育部共建
⊡ 地方政府与行业龙头企业共建　　□ 地方政府与教育部、行业龙头企业共建
▩ 地方政府与行业协会、行业龙头企业共建

图 4-2　地方行业特色高校共建模式比例

从地方行业特色高校共建的行业角度看，有如下特征：一是对于诸如石油等相对垄断封闭的行业，地方行业特色高校仍然保持了与所在行业企业的紧密关联。例如，原隶属于石油天然气集团或石油化工集团的 5 所地方石油类行业特色高校：东北石油大学、常州大学、辽宁石油化工大学、西安石油大学、西南石油大学，均由地方政府与中国石油天然气集团公司、中国石油化工集团公司、中国海洋石油总公司等国家三大石油公司共建。这种特征对于那些划转到教育部直属的行业特色高校也成立，如中国石油大学也是由教育部与包括三大石油公司在内的石油公司共建。二是对于那些没有明确共建单位的行业特色高校，其所在行业通常具有两个特征：一方面是行业相对开放和分散，另一方面其行业不是明确的产业。例如，在没有明确共建单位的 37 所高校中，有 5 所为纺织行业特色高校，有 4 所是轻工行业特色高校，这两个行业都缺少足够的行业聚集度和垄断性的行业龙头企业；此外，还有 6 所高校原隶属于国内贸易部，均为财经类或工商类高校，其行业特色难以依附于明确的产业。

第三节 行业特色高校理事会建设现状

一、行业特色高校理事会或董事会的定位

大学理事会（或董事会）（University Council）制度是指在大学内部设立理事会并将其作为核心治理机构的制度安排。大学理事会制度是西方高校内部治理的核心。例如，英国剑桥大学将其大学理事会定义为其最高行政和政策制定机构，全面负责大学的行政管理，包括确定大学的办学定位、大学发展规划和资源管理。英国大学理事会主席委员会对大学理事会的使命与职责

进行了规定：大学理事会是大学的最高治理机构，对校内各项事务拥有最终决策权，对大学发展规划的制订负有首要责任，并有权对大学运营管理的有效性进行监督。

在我国，大学理事会对于不同性质的学校在定位上具有本质区别。对于民办高校而言，根据《民办教育法》的相关规定，理事会或董事会应该是学校的决策机构。对于公立高校，根据《高等教育法》的规定，学校实行党委领导下的校长负责制。《国家中长期教育改革和发展规划纲要（2010—2020年）》提出"探索建立高等学校理事会或董事会"。2011年发布的《中共中央、国务院关于分类推进事业单位改革的指导意见》提出："面向社会提供公益服务的事业单位，探索建立理事会、董事会、管委会等多种形式的治理结构，健全决策、执行和监督机制。"为推进中国特色现代大学制度建设，教育部基于上述文件要求于2014年颁布了《普通高等学校理事会规程（试行）》（教育部令第37号），将高校理事会定义为"高等学校根据面向社会自主办学的需要，设立的由办学相关方面代表参加，支持和监督学校发展的咨询、协商、议事与监督机构"，明确提出"推动高校建立健全理事会，完善多方参与学校治理平台，扩大学校管理的社会参与，加强高校办学与社会的良性互动"。2015年，国务院印发的《统筹推进世界一流大学和一流学科建设总体方案》提出"建立健全理事会制度，制定理事会章程，着力增强理事会的代表性和权威性，健全与理事会成员之间的协商、合作机制，充分发挥理事会对学校改革发展的咨询、协商、审议、监督等功能"，从战略高度进一步强调了理事会是大学内部治理的重要组成。

二、高水平行业特色高校理事会（董事会）设置情况

对于行业特色高校而言，理事会也是其内部治理结构中的重要主体。无论是中央直属的高水平行业特色高校还是地方行业特色高校都纷纷成立了理事会（董事会）或具有类似职能的相关组织，将其作为完善学校内部治理体系，促进社会参与高校办学，扩大高校与社会联系和合作的重要平台。

为了进一步了解行业特色高校理事会（董事会）的发展现状，本书梳理了北京高科大学联盟成员高校理事会（董事会）设置情况，如表 4-5 所示。在北京高科大学联盟的 13 所高校中，有 11 所明确设立了大学理事会（董事会）或相关机构，其中有 9 所高校设立了大学理事会，北京交通大学设立了大学董事会，西安电子科技大学设立了大学战略咨询委员会。在理事会（董事会）的功能定位上，绝大多数高校都强调了大学理事会（董事会）在学校发展战略、重大事项制定等重大问题上的决策咨询作用，以及其在促进学校获取社会、政府办学支持方面的重要支撑和纽带作用。

表 4-5　北京高科大学联盟成员高校理事会（董事会）设置及职能①

高　　校	设 置 情 况	主　要　职　能
北京化工大学	理事会	支持学校发展的咨询、协商、审议与监督机构，是学校实现科学决策、民主监督、社会参与的重要组织形式和制度平台。理事会的主要职责是，审议通过理事会章程及章程修订案。决定理事的增补或者退出。就学校战略目标、发展规划、重大改革举措、学校章程建设等重大问题进行决策咨询或者参与审议。为学校开展社会服务提供支持。协助学校面向社会筹措资金、整合资源等，监督筹措资金的使用。理事会章程规定或者学校委托的其他职能

---

① 数据来源：各校大学章程及公开信息。——作者注

续表

高　　校	设置情况	主　要　职　能
北京交通大学	董事会	学校与社会各界建立紧密、稳定合作关系的桥梁和纽带，是支持学校发展的咨询、协商、审议与监督机构，是学校实现科学决策、民主监督、社会参与的重要组织形式和制度平台。董事会的主要职责是，审议通过董事会章程、章程修订案。决定董事的增补或者退出。就北京交通大学重大事件和重大问题进行决策咨询或者参与审议。协助北京交通大学整合社会资源、筹措办学资金，监督资金的使用
北京科技大学	理事会	学校面向社会、开放办学的咨询议事机构，其主要职责是：为学校的重大决策提供咨询、建议、指导和监督，促进学校与社会建立广泛联系与合作，拓展学校办学资源，支持学校事业发展。理事会由热心学校教育事业，关心、支持学校建设发展的企事业单位、政府部门、社会团体代表及各界知名人士、校友代表组成，依法根据其章程开展活动
北京林业大学	理事会	学校的咨议议事机构，负责学校办学重大事项的咨询，促进学校与社会建立广泛联系与合作
北京邮电大学	理事会	学校的咨询机构。理事会参与学校办学定位、发展战略规划等重大事务的咨询、评议，对学校办学质量与效益进行监督评议，促进学校与政府、行业、企业和社会各界长期紧密联系与合作，筹措办学资源，支持学校各项事业发展
华北电力大学	理事会	对学校的发展战略、规划、人才培养、科研、产业等重要事务进行审议、咨询、指导和监督，促进学校科学决策、争取社会支持、强化社会监督、实现各方共同发展。理事会下设秘书处、人才培养委员会及科技合作委员会。华北电力大学理事会是促进能源电力行业、企业与学校加强联系、双向参与的桥梁和纽带；是增强学校服务能源电力行业能力、促进共同发展的组织形式；是实现产教融合、促进共同发展的重要平台。大学理事会在学校发展战略、发展规划等方面积极发挥咨询与指导作用，促进人才培养、科学研究、社会服务等方面的合作与交流
哈尔滨工程大学	理事会	支持学校发展的咨询、协商、审议与监督机构，充分发挥其在密切社会联系、完善监督机制等方面的重要作用
西安电子科技大学	战略咨询委员会	学校设立的战略咨询机构。根据学校工作需要，为学校的中长期发展目标、战略规划、学科布局、重要改革举措等战略性、前瞻性问题提供决策咨询，发挥桥梁纽带作用，密切学校与社会、行业、企业等的联系，为学校面向各界争取资源提供支持

续表

高　校	设置情况	主　要　职　能
中国地质大学（北京）	未设置	无
中国矿业大学（北京）	理事会	理事会对学校发展进行咨询、协商、审议与监督，是学校实现科学决策、民主监督、社会参与的重要形式和制度平台，是学校与有关单位建立合作与发展关系的桥梁，也是筹措学校教育发展基金，促进学校发展的有力后盾
中国石油大学（北京）	理事会	学校重大发展事项进行咨询、协商、议事和指导，支持和监督学校的发展，实施对学校的共建和管理，促进学校与共建方共同发展
燕山大学	未设置	无
大连海事大学	理事会	支持学校发展的咨询、协调、审议和监督机构，主要行使下列职权：（一）协助学校与政府、企事业单位、行业组织和其他社会组织加强联络与沟通，促进学校开放合作；（二）对学校的发展规划和涉及学校发展方向的重大决定提供咨询意见；（三）帮助学校筹集办学资金，争取办学资源；（四）从事其他有利于学校开展社会服务、获得社会支持的活动

在理事会（董事会）的成员构成上，多数行业特色高校都十分注重行业相关政府机构、行业龙头企业和行业科研院所等主体的参与，将大学理事会（董事会）作为学校拓展办学资源，与成员单位开展联合科研攻关、人才培养等的重要平台。例如，北京交通大学董事会设有 6 家副董事长单位和 81 家成员单位，副董事长单位包括中国中车股份有限公司、中国铁路通信信号集团有限公司、中国中铁股份有限公司、中国铁建股份有限公司、中国铁路物资集团有限公司和中国铁道科学研究院集团有限公司，均为铁路交通运输行业相关的龙头企业和科研机构，其成员单位绝大多数都为铁路局或铁路运输行业上下游企业。中国矿业大学（北京）理事会由 89 家单位组成，包括 87 家能源、煤炭、矿业等领域的大型企业，如国家能源投资集团有限责任公司、中国中煤能源集团有限公司、大同煤矿集团有限责任公司等；另外 2 家

为地方地质勘探事业单位，分别为贵州省地质矿产勘查开发局和山西省煤炭地质局。少数行业特色高校较为强调院士、学科专业人士在理事会中的作用，例如北京林业大学在2021年1月成立了第一届理事会，由33人组成，其成员包括北京林业大学学校或相关部门领导，两院院士，林业相关政府部门，林业行业企业的高管，林学相关学会领导及教师和学生代表。

行业特色高校的一个特征是所在行业多为诸如电力、能源、石化等具有国家垄断性的行业，这种行业特性决定了行业特色高校的理事会或董事会单位多为央企或国有大型企业。在当前的管理体制下，央企或国有企业很难直接向高校捐赠，只能通过项目合作等方式支持行业特色高校办学，因此行业特色高校只能更多地依托民营企业或校友捐赠来增加办学经费。然而，行业的这种垄断属性也造成行业特色高校培养的人才需要依托大型企业或平台就业，自主创业的较少，也间接导致校友捐赠较少。据统计，2017—2022年间，中国高校累计获取社会捐赠超700亿元，其中前20名高校都为985等综合性大学，排名第一的清华大学累计接受捐赠高达168.54亿元，行业特色高校排名较为靠前的中国矿业大学仅位列第28名，累计获取捐赠为4.93亿元（高绩，2022）。

第五章　新时代行业特色高校治理模式的国际经验与比较

第一节　美国行业特色高校治理模式典型案例：美国科罗拉多矿业学院

一、美国科罗拉多矿业学院概况

科罗拉多矿业学院（Colorado School of Mines）是一所专注于工程学与应用科学的公立研究大学，成立于 1874 年，以采矿和冶金专业著称，成立的初衷是培养采矿工程师和冶金学家，助力落基山脉地区和美国西部的经济发展。学院在地球科学领域具有鲜明的行业特色和领先优势，其专业几乎全部围绕地球科学领域设置，形成了以"材料体系""能源体系""环境体系""工程体系""社会–经济–政治体系"为主的几大学科体系。在 2020 年 QS 世界大学排名中，矿业和采矿工程位居世界第一，是全球极少数在资源勘探、开采、生产和利用方面拥有广泛专业知识的机构之一。学院以使命驱动的特色计划为牵引，建院伊始，学校就确定了特色鲜明的使命，即"科罗拉多矿业学院应成为高入学标准的专业研究机构；科罗拉多矿业学院应在能源、矿产、材料科学与工程及相关工程科学领域有独特的使命；学校应该成为研究生和本科层次提供能源、矿产、材料科学和矿产工程学位的主要高等教育机构"。随着科技进步和时代发展，学院不断创新行业人才培养方式，由一所早年只为迎合当地采矿业而建的高校，如今成功跃升为面向人类大挑战，聚焦空间资源开发、开采及利用的世界一流大学。

与行业保持紧密联系是科罗拉多矿业学院的独特优势。与行业之间保持密切联系，通过产教融合确保人才具有前瞻视野。企业与学院合作的目标主要包括招聘最优秀的学生、寻求得到工程解决方案的帮助，以及关注地球科学相关研究的前沿动态。在这种目标的指引下，企业与学院开展了多样化的合作，包括但不限于资助研究项目、举办课堂研讨会、成为顾问委员会成员帮助设计开发课程、为学生提供实习机会等。

以采矿专业为传统优势学科，并逐步挖掘其他优势学科。学院为支持矿业而设立，然而优势学科并未局限于矿业，其学科发展与能源行业的发展息息相关。例如，伴随20世纪20年代石油工业的兴起，石油工程专业也逐步发展为优势学科。当前，正积极发展空间资源项目，在采矿专业的基础上，大力发展地下建筑和隧道工程专业，积极探索地质学、地球物理学、采矿工程、地下工程等领域的专业知识。

以培养世界一流的工程人才为目标。学院致力于培养学生扎实的地质学和工程学基础知识，使学生具备解决不同领域的地质工程问题的能力，包括矿产、油气资源开发中的环境问题、基础设施建设中的场地评价、污染场地修复中的水体勘察，缓解人类工程活动同有限的地球空间存在的矛盾。在工程人才培养中，学校十分重视教学和科研并重，是美国在学术研究和课堂教学相结合方面名列前茅的公立大学。为了实现这一目标，该校聘请了了解研究者和教育者之间自然联系的教师，在积极从事研究工作的同时也是课堂上的优秀教师。为此还专门为教师举办暑期项目，培训教师新的教学方法，为其重新设计课程提供支持。

聚焦科技前沿，创立使命驱动特色机构。学院在新的人类大挑战使命驱动下，构建了独具特色的创新机构以增进大学和行业间的战略合作。如科罗拉多空间资源中心（The Center for Space Resources，CSR）通过开发勘探、钻探、开挖和提取、材料加工和制造及航天器和栖息地生命支持系统的技术，致力于研究和利用空间和行星资源，发展空间技术和行星资源在太空中的商业应用。科罗拉多太空资助协会（The Colorado Space Grant Consortium, COSGC）通过设置真实世界的实操项目并开设以空间为重点的课程，吸引了来自各个学科的学生，有效促进了不同学科之间的交叉融合。

二、科罗拉多矿业学院董事会治理模式

（一）董事会成员的构成

根据科罗拉多矿业学院董事会章程，科罗拉多矿业学院董事会由 9 名成员组成，其中 7 人具有投票权，由科罗拉多州州长任命并须得到科罗拉多州参议院的同意，任期 4 年；其余 2 人不具有投票权，只发挥咨询作用，包括 1 名全日制学生（学生成员）和 1 名全职教师（教师成员），教师成员由至少 67%的学校教职工选举产生，学生成员由学生团体选举产生。学生成员的任期从每年的 7 月 1 日开始，任期 1 年，教师成员的任期从 1 月 1 日开始，任期 2 年。此外，章程还规定董事会应至少有 4 名但不超过 5 名成员在其被委任为学校董事之前已经获得科罗拉多矿业学院学位至少 10 年。董事会成员组成如表 5-1 所示。

表 5-1 美国科罗拉多矿业学院董事会人员组成①

姓 名	职 务	担任董事的时间	与科罗拉多矿业大学的关系
Jesus Salazar	Prosono 公司联合创始人兼首席执行官，落基山公共媒体名誉主席，该公司的使命是促进世界 2030 可持续发展目标实现	2017 年	校友
Denise Burgess	Burgess Services 建筑管理公司总裁兼首席执行官	2019 年	非校友
Michael Coors	CoorsTek 公司首席执行官，该公司是一家位于科罗拉多州戈尔登的全球技术陶瓷材料私营供应商	2024 年	校友
Bruce Grewcock	Peter Kiewit Sons'公司董事会主席，该公司是北美最大的建筑和工程组织之一，为各种市场提供建筑和工程服务，包括建筑、矿业、石油、天然气和化学品等	2021 年	校友
Dave Lawler	英国石油美国公司（BP America）董事长兼总裁、bpx energy 首席执行官	2023 年	校友
Lucy Sanders	美国国家妇女与信息技术中心(NCWIT)首席执行官兼联合创始人，该中心致力于增加所有女孩和妇女在计算领域的参与	2018 年	非校友
Judith Zee Steinberg	荷兰石油和天然气运营商协会（NOGEPA）主席，一直活跃于各种非营利组织，包括国家公共广播电台基金会、阿斯本公共广播电台（也是前任主席）、阿斯本社区基金会和青年区等	2021 年	非校友
Dinesh Mehta	科罗拉多矿业学院计算机科学教授，研究方向为算法和数据结构，还担任英特尔战略 CAD 实验室和 TCS 研究中心的客座教授	2023 年	教师
Grace Ary	商业工程专业的大三学生，希望继续攻读科罗拉多矿业学院数据科学硕士学位	2023 年	学生

---

① 数据来源：科罗拉多矿业学院官网。——作者注

需要指出的是，与我国大学理事会成员多为法人单位不同，美国非营利性大学的董事必须是自然人，且是"志愿者"，即法律禁止通过参加大学理事会的相关活动获得薪酬。从科罗拉多矿业学院董事会成员的职业背景看，除了教师成员和学生成员的 7 位董事，均为公司或非营利组织的创始人或高管，具有良好的社会声誉和外部资源，且其行业背景并不仅仅局限于矿业，而是涵盖了建筑、能源、可持续发展等多样性背景，凸显了美国大学治理的"外行领导内行"的特点。

此外，科罗拉多矿业学院还设置了额外咨询成员。这些成员由科罗拉多州州长任命，作为产业和学术研究领域的代表，为董事会提供在其专业领域的咨询意见，为科罗拉多矿业学院的学术和研究项目的发展作出贡献。

（二）董事会的组织架构及运行

科罗拉多矿业学院董事会设立委员会，以协助其成员履行职责。目前，其下设了执行委员会、财务审计委员会和投资咨询委员会。其中，执行委员会的职责是审查并向董事会建议关于董事会运行和机构治理的建议，包括但不限于制订董事会政策、举办董事会会议、提名未来的董事会成员等。执行委员会与科罗拉多矿业学院的校长沟通制订年度目标和任务。财务审计委员会的职责是审查并向董事会做出关于学校财务管理和预算的建议，包括但不限于制订年度预算的参数、确定学费、教职员的薪酬及其他重要的问题。投资咨询委员会的职责是就学校的投资政策向董事会提出建议。

在运行机制上，科罗拉多矿业学院董事会通过举行 3 种类型的会议履行其职责，包括定期会议、特别会议和委员会会议。定期会议每年至少举行 6 次，特别会议由董事会主席、3 名董事会成员或科罗拉多矿业学院校长的提议举行，定期会议和特别会议都向公众开放。委员会会议，委员会的主席可以发起委员会会议。

第二节　英国行业特色高校治理模式典型案例：英国克兰菲尔德大学

一、英国克兰菲尔德大学概况

克兰菲尔德大学（Cranfield University）是一所创立于 1969 年的英国顶尖研究型大学，是一所只招收技术和管理领域研究生的专业性大学，其办学历史可追溯至 1946 年的克兰菲尔德航空学院（Cranfield College of Aeronautics）及之后于 1969 年授予皇家宪章的克兰菲尔德技术学院（Cranfield Institute of Technology），也因为其前身为航空学校，克兰菲尔德大学是全欧洲唯一拥有机场的大学。1984 年，英国国防部与克兰菲尔德大学签订教学与研究委托合同，有效期至 2027 年。根据该委托合同，该校先后成立了国防管理与技术学院、工程学院、健康科学学院、管理学院等。克兰菲尔德大学的学科涵盖了航空航天、国防和安全、能源和可持续发展、环境和农产品、管理、制造和材料、运输系统和水等。

凭借其与工业商业和国防企业长期而紧密的合作关系，克兰菲尔德大学逐渐发展为一所具有显著航空航天和国防特色的高水平大学，其航空航天、商业管理、汽车赛车动力学、工程等专业排名皆名列前茅。根据 2023 年 QS

世界大学学科排名，克兰菲尔德大学的工程—机械、航空和制造专业位列全球前 30 名，其商业与管理研究位列全球前 150 名，环境科学位列全球前 200 名。此外，克兰菲尔德大学管理学院是全球拥有 AACSB 国际（美国国际商学院协会）、EQUIS（欧洲管理基金会欧洲质量改进体系）和 AMBA（工商管理硕士协会）三重认证的精英商学院之一。在航空航天领域，克兰菲尔德大学与空客、英国航空航天系统公司、波音公司、劳斯莱斯、西门子等 14 家大型组织建立了战略合作伙伴关系，支撑其开展在航空航天技术领域的创新。根据其公开的数据，英国超过三分之一（36%）的航空航天工程研究生就读于克兰菲尔德大学。

二、克兰菲尔德大学理事会治理模式

1955 年，英国大学理事会主席联合编制的《英国高等教育理事会成员指南》对英国大学理事会的职责和权利提出了统一、明确、详细的要求。根据这一指南，大学理事会是学校的内部治理体系的核心，是学校最高的领导和权力机构。在理事会成员组成上，应主要由教职员大会代表、校长、各学院院长等职务既定的成员及教育官员、杰出校友、企业人士等校外人士组成。在这一指南的要求下，在大学治理方面，克兰菲尔德大学通过理事会（Council）负责大学的治理，如图 5-1 所示。

大学理事会是大学最高管理机构，其主要职责是确保大学章程的执行，包括决定大学的战略方向、确保对大学事务的有效管理和控制、进行资产和财务管理、决定组织架构及大学的人员配置等事项。大学理事会的主席由副校监（Pro-Chancellor）担任。大学参议会（senate）在大学理事会授权下负责监督大学的学术工作，包括确保学术质量和标准及规范学生事务。大学参议会主席由校长（Vice-Chancellor）①担任。大学行政管理团队负责大学的日常管理，由学校下设学院的院长、专业服务高管及 10 个专业委员会组成。

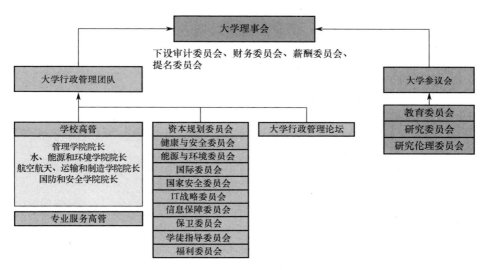

图 5-1　英国克兰菲尔德大学管理架构

克兰菲尔德大学章程规定了其理事会的五大职责：确定战略方向、确保大学管理的有效性和绩效、保护学校资产、确保学校的偿付能力和任命学校的高级管理人员。克兰菲尔德大学理事会共有 16 人，包括 11 名独立成员（含理事会主席），4 名教职工成员和 1 名学生成员，如表 5-2 所示。独立成员涵盖了金融投资从业者、律师、企业家、政府官员等不同领域的人员，具有典型的多元化特征。值得指出的是，作为一所航空航天和国防领域特色的高水平大学，其理事会也包含了相关领域的成员。独立成员 Peter Watkins 曾任英

---

① 英国大学中，Chancellor 一般是名誉校长，也称为校监，不负责学校具体事务；Vice-Chancellor 是大学的首席执行官，负责学校具体事务的真正意义上的"校长"。——作者注

国国防部战略与国际事务总监（2017—2018 年）和安全政策总监（2014—2017 年），在国防部任职期间曾负责战略政策和规划制定，包括威慑政策、国防工业政策、国防产品出口等事务，现任英国航天局董事会的非执行成员，其丰富的国防工作经验和背景可以为克兰菲尔德大学开展航空航天及国防领域的科学研究和人才培养提供充分的产业和政府联系。

表 5-2　英国克兰菲尔德大学理事会人员组成

姓　名	职　务	成员类型
Iain Ferguson	英国 Crest Nicholson 公司、Genus 公司、Hallmarq 公司和 Personal Assets Trust 公司董事长，英国营养基金会名誉理事	理事会主席
Caroline Carter	英国法律大学院长，前律师事务所合伙人	独立成员
Lesley Chen Davison	GoSpace 人工智能公司商业战略主管	独立成员
Colin Day	Meggitt 公司独立董事，校友	独立成员
Ian Hart	高级投资银行家	独立成员
Alice Hynes	APC 期货有限公司高级顾问和主任	独立成员
Jo Price	英国骨科大学学院董事会主席，英国皇家农业大学前校长	独立成员
Simon Rowlands	Cinven 联合创始人	独立成员
Jaz Saggu	金融投资公司非执行董事	独立成员
Peter Watkins	前英国国防部战略与国际事务总监	独立成员
Phil Zeidler	Deadhappy 公司联合创始人、企业家	独立成员
Helen Atkinson	副校长，教授，航空航天、运输和制造学院院长	教职工成员
Connie Greening	注册服务部门高级助理	教职工成员
James Hill	国防和安全项目经理	教职工成员
Jane Hubble	技术服务部总监	教职工成员
Ehizuelen Imafidon	学生会主席	学生成员

第三节　中外行业特色高校治理模式比较研究

通过比较欧美行业特色高校与我国行业特色高校治理模式，大学理事会或董事会在治理中的作用有显著差异。

第一，理事会的职能定位不同。无论是美国大学的董事会或是英国大学的理事会，都是其大学治理体系的核心主体，是学校最高决策机构和最高领导机构，而不仅仅是咨询和监督机构。我国坚持党委领导下的校长负责制治理体系，虽然设置了大学理事会或董事会，但并没有决策权，其职能较为虚化、功能较为弱化，更多是作为学校的咨询和监督机构。

第二，理事会成员的背景和构成存在差异。对于美国和英国的大学，即便是行业特色高校，其理事会或董事会成员的构成上也并没有完全强调行业领袖在其中的重要作用。虽然在其成员中包含了与其优势学科行业相关的企业领袖或高管，但是其理事会成员仍然具有广泛的职业背景多样性，而且均为自然人，这种制度设计更加利于多方群体参与高校治理，通过多主体参与决策更容易拓宽高校办学的视野和决策的科学性。与之相比，我国行业特色高校的理事会成员多为法人组织，而且十分强调所在行业的龙头企业的参与，缺少社会杰出人士和杰出校友的参与，实际上将大学理事会视为了某种形式的产学研合作平台。

第三，理事会主席人选不同。英美大学理事会主席均非学校高管，多由具有杰出社会地位和社会影响力的人士担任。与之相比，我国大学理事长多为大学校长兼任，这在一定程度上限制了理事会与社会联系的纽带作用。

综上，借鉴欧美大学理事会对大学治理的经验，结合我国高等教育治理的实际，在坚持党委领导下的校长负责制这一高校根本管理体制的前提下，应进一步发挥大学理事会在完善高校治理现代化中的重要作用。在职能定位上，可以适当赋予大学理事会在学校政策制定、学术研究等重大问题上的决策权，有利于推动现代大学内部治理和外部治理的共治，从而更加充分满足政府、企业、社会公众、教师、学生等不同利益主体对大学这一公共组织的合理诉求，有效规避大学治理过程中的公平缺失现象。在理事会成员构成上，应进一步强化行业特色大学理事会成员的多元化特征，而不应仅局限于所在行业的龙头企业和企业家。具有相似背景的行业企业和行业特色高校通常具有相同的科技创新优势，不利于优势互补，而多元化的理事会成员背景有助于拓宽行业特色高校的办学视野并拓展其办学资源，有利于实现行业特色高校与社会力量的优势互补，更好地发挥理事会在大学治理中的作用。

第六章　完善我国行业特色高校治理模式的路径

第一节　大学理事会在行业特色高校外部治理中的作用：以华北电力大学为例

在我国高等教育深化改革的进程中，借鉴世界高水平大学建设发展的成功经验，全面建立大学理事会制度，全面深化校企合作，促进产教融合，全社会全面参与办学和人才培养成为高等教育体制改革创新的重要趋势。21世纪以来，华北电力大学结合综合改革的推进，以创新和完善大学理事会制度为重点，努力构建以校企合作为核心、融合校地合作、校校合作等全方位的对外合作体系，健全社会参与长效办学体制机制，不断加大开放办学力度，极大支撑了创新型、卓越型人才培养，也在支撑大学学科建设、科技创新、社会服务等方面取得了良好的成效，受到能源电力行业和社会各界的一致肯定。因此，本书选取华北电力大学作为案例来阐述大学理事会在行业特色高校外部治理中的重要作用。

一、华北电力大学理事会发展历程

华北电力大学建于新中国成立之初，长期由国家电力部门管理，是国内唯一一所能源电力类重点大学。2003年，在国家电力体制改革过程中，华北电力大学划转教育部管理，组建了由国家电网公司、南方电网公司和五大发电集团组成的大学董事会，并与教育部签署了共建华北电力大学的协议。这一方案不仅成功解决了学校的体制归属问题，保持了学校与电力行业长期以来建立的紧密联系，为学校的长远发展奠定了坚实的基础，同时也使学校成为中央直属高校中最早建立理事会制度的大学之一。

2006年，华北电力大学董事会进行换届，组建了第一届理事会，成员仍由国家电网公司等7家单位组成。作为我国高等教育办学体制改革的产物，华北电力大学董事会（理事会）是国内公办高校第一家完全由国有大型央企为组成单位、实质性参与高校办学的指导咨询型机构，在经费支持、发展规划、校企合作等方面对学校发挥了独特的作用，有力地促进了学科建设、人才培养、科学研究等各项事业的发展。

2013年，华北电力大学以第二届理事会组建为契机，对理事会章程进行了修订，积极推进体制改革，大力完善工作机制，更好地发挥了大学理事会在学校改革与发展中的优势和作用。

调整理事会组成，将中国电力企业联合会增加为成员单位。在原有7家理事会成员单位基础上，增加行业协会——中国电力企业联合会（以下简称中电联）为新一届理事会成员单位。中电联是全国性电力行业协会组织，拥有1500余家会员单位，涵盖了学校理事会成员单位和国内百余家特大型、大型能源电力企业，是能源行业最大的沟通协调、统计分析、专业服务及政策研究的平台。

2018年10月，理事会经过增补后，华北电力大学理事会由国家电网有限公司、中国南方电网有限责任公司、中国华能集团有限公司、中国大唐集团有限公司、中国华电集团有限公司、国家能源投资集团有限责任公司、国家电力投资集团有限公司、中国长江三峡集团有限公司、中国广核集团有限公司、中国电力建设集团有限公司、中国能源建设集团有限公司、广东省能源集团有限公司、中国电力企业联合会、华北电力大学 14 家组成。

完善理事会组织机制，秘书处挂靠中电联。理事会的秘书处原挂靠国家电网公司，第二届理事会将秘书处改为挂靠中电联，秘书长由中电联秘书长担任。另外，还明确了每年举行两次的理事会全体会议与中电联理事长会议同期召开，形成全国电力行业企业积极参与，电力行业重点企业协商支持学校发展的工作格局。

健全理事会工作机制，促进理事会工作成效。成立理事会人才培养委员会、科技合作委员会等下设机构，贯彻理事会在人才培养和科技创新方面的重大战略、制订人才和科技工作规划、计划，落实重要事项，并向理事会报告有关工作的执行情况。人才培养及科技合作委员会分别由各大电力集团人资部及科技部相关负责人及中电联、华北电力大学的有关人员组成。主任由大学主管该工作的校领导出任。两个委员会下设办公室，负责处理日常事务。办公室分别依托大学教务处和科研院。

二、大学理事会在构建创新型人才培养模式中的作用

华北电力大学把人才培养质量作为立校之本，确立了"厚基础、重实践、强能力、求创新"的人才培养特色，依托大学理事会和行业支持，构建了由"基本实验模块、校内实践模块、仿真实践模块、校外实践模块"组成的"四模块"实践教学体系，成为教育部首批"卓越工程师培养计划"实施高校。

因在学生创新能力培养方面成绩突出，学校成为首批教育部人才培养模式创新实验区。

成立"电力行业卓越工程师培养校企联盟"。2017 年，学校和中国电力企业联合会作为发起单位，牵手国家电网公司、中国南方电网公司、中国大唐集团公司等 16 家大型能源电力企业及清华大学、浙江大学、武汉大学等 30 所高校成立"电力行业卓越工程师培养校企联盟"。联盟旨在搭建高校与行业企业联合培养人才的大平台，构建校企协同育人新机制，让企业与高校合作、高校与高校的合作从"单兵作战"向"多元协作""集团作战"转变，形成"校企协同、校校协同、优势互补、资源共享"的行业人才培养新格局。正在开展研究的重点项目研究有：电力行业创新人才培养目标与方案、行业人才评价标准、行业人才需求预测系统及行业关键岗位胜任能力素质模型等，由理事会组织专家、教授进行联合攻关，发挥智库作用，为行业持续发展提供人才支撑和智力支持。

建设校外培养基地。华北电力大学与理事单位等企业共建了 100 多个校外实践基地，其中 3 个入选国家级工程实践中心，促进学生实践能力培养；学校与理事单位等 80 多家企业共建研究生工作站，实现校企"双导师"制，校企联合制订与实施培养计划，突出创新能力培养，已累计培养近千名研究生，学生创新能力强，在站期间参与的研究课题多次获国家级、省部级科技奖项，工程实践教育走在教育部直属高校前列。

推广"3+1"订单式人才培养模式。华北电力大学与中广核集团公司的"订单+联合"（3+1）人才培养模式，经 13 年实践，培养了 700 多名高素质核电人才，入选首批"国家级人才培养模式创新实验区"，并成功推广到大唐电力集团公司、国家电力投资集团公司、上海电气集团公司、中国核能电力股份有限公司等多家企业。

实施"卓越工程师培养计划"。2010 年，华北电力大学成为教育部首批实施高校，2011 年在电气、动力等 5 个专业分"工程创新型"和"工程实践型"实施该计划，其中"工程创新型"实行"学研双驱、课内外统合"培养模式，强化研究与创新，实行导师制、个性化培养方案；"工程实践型"实行"学行并重、校企联合"培养模式，强化工程实践，突出企业实践环节，注重解决现场工程问题能力、开发能力和设计能力的培养。

打造行业继续教育通用平台。在理事单位及行业企业的大力支持下，学校获批"国家级专业技术人员继续教育基地"，同时，国家级网络平台"中国电力行业远程继续教育网"投入运行，为行业提供更高、更优质、更广泛的继续教育服务，支撑企业的知识更新与人才储备。

实施博士教师"工程化"。华北电力大学与理事单位等企业共建青年博士教师"工程化"基地，每年派新聘博士教师到生产一线研究学习 6 个月到 1 年时间，掌握企业先进技术，促进理论知识和生产需要相结合，为青年教师提高实践教学水平及工程实践能力、科研创新能力奠定基础。

华北电力大学依托理事单位和行业培养人才，保持了良好的就业形势，毕业生就业率一直保持在 97% 以上，在教育部直属高校中名列前茅。每年大约 70% 的毕业生进入能源电力行业就业，被评为中国百强企业最喜爱接受毕业生的 10 所高校之一。学校总体生源质量保持国内高校前 30 位，部分省市进入前 10 位。

三、大学理事会在促进高水平研究型高校建设中的作用

华北电力大学坚持创新和完善大学理事会制度，深入推进学校对外合作和开放办学向纵深拓展，积极构建社会参与长效机制，是学校不断适应社会需求、强化特色发展的战略选择，不仅为学校的创新人才培养，也为科技创新、成果转化等方面提供了重要支撑，学校走出一条独具特色的"校企合作兴校之路"。

通过大学理事会提升学校科技创新能力。华北电力大学紧紧围绕理事单位的重大科技需求广泛开展合作，构建了"以企业为主体，产学研合作"的科技创新体系，通过校企合作、校校合作等形式参与国家能源电力领域各类重大研究项目，在特高压、智能电网、新能源、节能减排、能源与环境等研究领域的关键科学问题和重大工程项目难题的解决中发挥了积极的作用。

通过大学理事会服务区域经济发展。2013 年成立的华北电力大学新疆生产建设兵团研究院，在跨师域电网联网工程建设、微网工程建设、新能源城市建设等方面为兵团提供人力、智力支持。2014 年成立的华北电力大学珠海研究院，重点推进学校智能电网、物联网等领域的科研成果在珠海的转化与产业化工作。2015 年成立的华北电力大学扬中智能电气研究中心，围绕智能电气等重点领域，建设新型研发机构，助力地方产业转型升级。2017 年成立的张家口可再生能源发展与技术研究院，深入落实京津冀协同发展战略，加快建设国家可再生能源示范区，助力 2022 绿色冬奥、低碳冬奥。

通过大学理事会扩大学校的社会影响力。2011 年，包括华北电力大学在内的 11 所行业特色型大学在京组建北京高科大学联盟，是迄今为止全国规模最大的进行全方位合作的高校联盟。2012 年，华北电力大学成为中国电力企业联合会副理事长单位，学校在行业领域重要事务上已发挥重要作用，进一步提升了学校在行业的影响力。2013 年，华北电力大学作为主要发起单位，成立了我国第一个综合性省级能源协会——北京能源协会，并成为副会长单位。同时，学校先后与中国电力企业联合会、全球能源互联网发展合作组织、英大传媒集团、中国电机工程学会等单位开展软科学战略合作，在特高压、全球能源互联网、电力体制改革等领域积极建言献策，发挥高端能源智库的作用，进一步提升了学校的影响力。

四、大学理事会在打造校企深度融合新模式中的作用

为更好地满足国家战略需求，2019 年 5 月，华北电力大学与国家电网有限公司在以往良好合作的基础上，联合成立"国家电网有限公司—华北电力大学能源互联网学院"。华北电力大学充分发挥高校基础研究主力军和原始创新策源地的作用，努力将能源互联网学院打造成为具有国际一流水准的自主创新国家队、高水平的人才培养基地和具有重要影响力的高端能源智库，服务于国家电网公司"建设具有中国特色国际领先的能源互联网企业"的战略目标，共同构建中央企业和重点高校合作共赢的新机制，打造校企深度融合的新模式。

能源互联网学院是国家电网有限公司和华北电力大学共同设立的非法人教学科研机构，其定位是围绕能源革命发展需求，开展能源互联网的基础

理论、关键技术、重大装备和战略规划等前瞻性、基础性研究。

能源互联网学院以高水平科研支撑高质量人才培养，依托前瞻性、基础性合作研究与科技攻关，以学科交叉创新需求为牵引，突出"研究型、工程化、国际化"的人才培养特色，积极推进创新型博士及硕士研究生等高质量人才培养。加强产教融合，组建由双方专家教授和行业知名学者组成的跨学科师资队伍，实施双导师制或导师组式联合培养；促进科教协同，依托科研课题，在工程实际和产业实践中强化学生科研训练；深化国际合作，构建与国际接轨、开放发展的人才培养模式，努力培育一大批具有坚实理论基础、互联网思维和国际化视野的复合型人才。

能源互联网学院依托华北电力大学电气与电子工程学院、控制与计算机工程学院、经济与管理学院等二级学院及国家电网有限公司下属的中国电力科学研究院、国网北京经济技术研究院、国网能源研究院、全球能源互联网研究院、国网电力科学研究院等单位共同建设。由国家电网有限公司和华北电力大学共同管理，主管部门在国家电网有限公司方面是科技部，华北电力大学方面是科学技术研究院，下设管理委员会和学术委员会。

华北电力大学通过发挥自身特色与大学理事会的优势，以国家和行业需求为导向，以"双一流"建设为统领，着力实施学科交叉融合、人才培育引进、校企校地合作、国际开放发展等4个关键性策略，构建了高水平的学科发展、人才培养、科技创新、大学治理和条件保障等5个重要体系，将能源互联网学院等一系列校企合作平台建成"人才培养的特区、科技创新的高地、机制体制改革的试验区和校企深入融合的桥梁"，加快特色发展和创新发展，不断向特色鲜明高水平研究型高校的办学目标加速冲刺。

第二节 文化领导力与行业特色高校内部治理：基于省属行业特色高校的比较研究

行业特色高校高质量发展与高校的治理方式有着密切关系。在大学治理中，以书记和校长为首的校领导班子的能力是大学治理能力的最核心部分，校领导班子的能力会直接影响到学校的发展规划，影响到对学校学科专业布局的调整与管控，以及从环境中获取相应资源的能力。与综合性大学不同的是，行业特色高校与行业企业曾长期属于同一行业部门所管理，因此通常具有相同的行业文化，在单位领导层面也往往体现为由具有行业内工作经验或影响的领导担任。

一、文化领导力与行业特色高校治理

通过实地调研发现，在一些发展得比较好的行业特色高校中，特别是央属行业特色高校，存在着主要领导任期较长，学校行业特色得到长期保持的现象。如中国石油大学（北京）前任校长张来斌担任校长职务长达 16 年（2005—2021 年）之久，哈尔滨工程大学的刘志刚担任书记和校长合计为 16 年（1999—2004 年任党委书记，2004—2015 年任校长），华北电力大学刘吉臻担任校长长达 16 年（2001—2016 年），北京化工大学王芳担任书记长达 16 年（2002—2018 年），葛世荣担任中国矿业大学（北京）校长长达 17 年［2007—2008 年任中国矿业大学校长、2018 年至今任中国矿业大学（北京）校长］，谭天伟担任北京化工大学校长 12 年（2012 年至今），江南大学的陈坚担任校长长达 15 年（2005—2020 年）；一些行业特色鲜明，在行业有较大影响力的省属划转院校，也具有类似的现象，如河北的燕山大学由刘宏民担任校长长达 16 年（2003—2019 年）、东北电力大学的李国庆担任校长书记合计达 12 年（2011—2023 年）。

校主要领导从内部晋升也是这些行业特色高校的主要特征。例如，截至 2024 年 4 月，中国石油大学（北京）行政领导班子一正五副中只有一位副校长是从其他大学的党委副书记调任的，其他的行政领导均来自于中国石油大学（北京）；华北电力大学的校行政领导班子一正六副则全部来自于华北电力大学。这些领导都拥有在学院或职能部门任职的履历，能够充分了解学校的发展实际。

正是因为学校的主要领导长期保持不变，学校才有可能在较长时间内保持学校办学定位和发展战略的一致性和连贯性。学校领导班子出自学校的主要院系，对学校的历史、传统、学校的优势、学校与外界的联系等都能够有很好的把握，在资源分配上有利于传统优势学科不断强化。

然而，在一些省属的行业划转院校在划转到地方之后，与行业的联系减弱，行业特色变淡，对行业的影响逐渐降低，学校的竞争力下降较大。为了对这种现象进行更深入的分析，本研究采用两所同行业的院校进行了比较分析。

二、典型案例的比较分析

（一）典型案例的初始条件与发展结果

选取办学地点在江苏省的 W 大学和办学地点在河南省的 Z 大学两所大学为样本（注：两所大学的基本情况均来自两所大学的校史、校园网和各种

公开信息，时间截至 2021 年 6 月 30 日）。两所大学在 1998 年开始高等教育
管理体制改革前，W 大学主体隶属于中国轻工总会，Z 大学主体隶属于国内
贸易部，食品科学与工程均是两所学校的特色。1998 年两所大学的基本情况
如表 6-1 所示。

表 6-1　1998 年两所行业特色大学基本情况[①]

大学名称	本专科专业数	硕士点数	博士点数	在校生总数	1998 年前获得国家级科技奖	专任教师
W 大学	30 个	10 个	3 个	9065 人	2 项	700 多
Z 大学	27 个	7 个	0 个	9300 多人	3 项	431 人

通过表 6-1 可以发现，在 1998 年两所大学有一定的差距，如当时 W 大
学已经有 3 个博士授权点，而 Z 大学没有。但是差距并不是特别大，如，两
所大学当时都是以本专科教育为主，专业数相近，在校生数相近，硕士点数
差距不大。在标志性的科学研究成果上，Z 大学还有一定的优势。

经过 20 多年的发展，两所大学有了较大的差距。2020 年公布的 W 大学
在各种大学排名中最低 56 名，Z 大学最好的名次是 194 名。截至目前，W
大学有 7 个博士学位授权一级学科，29 个硕士学位授权一级学科及 14 个硕
士专业学位授权类别，轻工技术与工程、食品科学与工程 2 个学科入选"双
一流"建设学科名单，国家第四轮学科评估 3 个学科 A-档以上；拥有中国工
程院院士 3 人，国家级科研平台 8 个，1998 年以来新增第一完成单位国家科
技奖 13 项。Z 大学 3 个博士学位授权一级学科，21 个硕士学位授权一级学
科，13 个硕士专业学位授权类别，在国家第四轮学科评估中一个学科 B-档

---

① 数据来源：根据两所大学校史整理。——作者注

次，2 个学科 C 档；国家级科研平台 2 个，1998 年以来新增第一完成单位国家科技奖 3 项。

（二）两所学校的治理方式比较

大学的发展是诸多因素共同作用的结果，如隶属单位的不同，区域的支持、高校群体生态等。W 大学 1998 年划转教育部管理，并且地处江苏，外部提供的资源可能较大；Z 大学 1998 年划转河南省，河南省对高等教育支持的力度相对较弱。但是，内部治理体系作为基础性因素在其发展过程中发挥着重要作用。两所大学发展呈现了不同的发展状态，治理体系构建可能产生了较大的影响。

对于行业特色大学来说，构建熟悉学校特色的党的领导体系，制定符合学校实际、操作性强的战略规划，构建强化学校特色的学科专业体系，建立以需求为导向的科研与社会服务体系，建立以贡献为导向的内部评价体系，有利于学校的高质量发展。两所大学内部治理体系基本情况对比见表 6-2。

表 6-2　两所大学内部治理体系基本情况对比

比 较 内 容	W 大 学	Z 大 学
党的领导体系	校级领导班子成员本校毕业、留校工作、提任较多	校级领导班子成员其他单位提拔交流任职较多
合并组建大学后战略目标	建成特色鲜明的高水平大学	建成多科性开放性教学研究型大学
学科专业体系	强化特色	突出规模扩张
科学研究与社会服务体系	以团队为基础，重视校地合作	团队建设滞后，校地合作较弱
内部评价体系	资源配备突出贡献导向	资源配备重视师生规模

熟悉学校特色的领导班子有利于推动行业特色大学的发展。领导班子的

组成情况对行业特色大学的发展有深远的影响。两所行业特色大学现任校级领导班子的基本情况如表 6-3 所示。

表 6-3　两所行业特色大学现任校级领导基本情况

大学名称	校级领导职数	提任副校级前在本校工作人数	所从事专业与学校特色相关人数	人均在该校学习工作时间（单位：年）
W 大学	9	7	7	约 23
Z 大学	11	4	3	约 6.7

从现状看，W 大学的校级领导班子学缘结构比较相近，大部分对学校情况认知全面。从表 6-3 可以看出，W 大学现任的校级领导只有 2 名是其他单位提拔后任命到该校工作，绝大部分在本校学习，毕业后留校工作，逐级提拔，并且大部分领导所从事的专业与本校的特色有关。而 Z 大学则相反，大部分校领导由其他单位提拔交流到该校任职，只有 4 名校级领导在任前在本校工作。W 大学的校领导在学校的特色认同上可能更容易达成一致意见，对行业更熟悉、发展趋势敏感度更高。这在一定条件下为 W 大学的特色保持发挥了较大的积极作用。

从历史上看，两所大学校级领导班子的结构也有较大的差异。从 1998 年至今，取两所大学合并组建前主体学校作为分析对象，W 大学和 Z 大学担任过校级领导班子成员的干部分别有 27 人和 38 人。在 W 大学的历任校领导班子成员中，只有 6 位领导是从其他高校副校级领导岗位调入该校任职，其余领导均为本校提任，并且有 13 名为本校毕业留校工作，合并组建前后其余领导比例变化不大。可以看出，W 大学的领导班子相对比较稳定。Z 大学的 38 位领导班子成员，18 位从其他单位调任；合并组建前 7 位领导干部，均为本校工作提拔；合并组建后，外部交流任职的干部比例逐步提高。

在当前体制下，校长主持全面行政工作，校长的工作经历、认识和视野对大学的发展产生深远的影响。W 大学从 1998 年只有 3 人担任过校长，并且均为本校毕业生，且有两位是中国工程院院士，所学和研究方向均为该校特色学科，其中一位校长主政长达 15 年（2005—2020 年）。Z 大学从 1998 年以来，共有 6 人担任过校长，本校毕业生只有 1 位，另 1 位其他学校毕业后到该校任教，提任校级领导，这两位校长所学和研究方向与该校特色学科一致；任职时间最长的一位校长是 7 年，其他大部分为 3 年左右。

可操作性强的战略规划有利于行业特色大学的发展。制订战略规划是推动高校发展的重要制度安排和基本工具，也是贯彻领导班子治理意图的重要手段，是近些年我国高校办学实践中普遍采用的重大举措。两所大学的战略规划均制定于合并组建新大学之后。W 大学于 2001 年实现了 3 校的合并组建，Z 大学于 2004 年实现 2 校合并组建。为了适应国家全面建设小康社会的需要，抓住 21 世纪头 20 年的重要战略机遇期，W 大学于 2003 年制定了《W 大学总体发展战略规划》，Z 大学于 2005 年制定了《Z 大学 2005—2020 年发展战略规划》。基本情况如表 6-4 所示。

表 6-4　两所行业特色大学战略规划基本情况

大学名称	2020 年目标	2010 年目标	发展阶段	发展方略	配套措施
W 大学	建成特色鲜明的高水平大学	国内有较大影响、特色学科领先的教学研究型多科性开放式大学	三个阶段：夯实基础（2003—2007 年）重点突破（2008—2015 年）巩固完善（2016－2020 年）	质量立校、人才强校、机制活校、服务名校	《W 大学学科与师资队伍建设规划》《W 大学校园建设规划》《攀登计划》

续表

大学名称	2020 年目标	2010 年目标	发 展 阶 段	发 展 方 略	配套措施
Z 大学	多科性开放性教学研究型大学	基本完成从教学型向教学研究型大学的过渡	方案中没有明确的阶段划分	学科提升、人才强校、深化教改、提升科研、深化改革、拓宽筹资渠道、加强党建	《Z 大学校内分配制度改革方案》

从表 6-4 可以看出，W 大学的战略规划操作性相对较强。从目标设定上，W 大学确定为"特色鲜明的高水平大学"，比 Z 大学的"多科性开放性教学研究型大学"更有本校特色，"特色鲜明"就是旗帜鲜明地强化特色发展，而 Z 大学确定的"教学研究型大学"是国家在本科教学水平评估中确定的 6 类开展本科教育大学的一种类型，具有普遍性。从发展阶段划分上，W 大学把学校的发展分成 3 个阶段，并且每个阶段都有发展主题。从配套措施上，W 大学随着发展形势的变化，进行了适时调整，如《攀登计划》于 2008 年开始实施，提出了"3 大奋斗目标，10 大突破项目，30 项量化指标，10 大战略措施"的"3131 计划"，任务落实到每一个教师，确保人人都有攀登的方向和目标。

三、完善行业特色高校治理的建议

两所大学在领导班子、发展规划等内部治理方面的不同造成了学校发展结构上的显著差异。基于行业特色高校的特点，提出如下完善行业特色高校，特别是行业划转院校内部治理与战略管理等方面的政策建议。

（一）构建熟悉学校特色的领导体系

理顺内外关系，为内部领导体系现代化提供保障。从理论上可以把高校的治理体系分为内部治理体系和外部治理体系，但运行过程中二者密不可分。一般情况下，行业特色高校是公办学校，公办学校是国家的事业单位。根据《中国共产党章程》等党内法规和国家的有关法律法规，行业特色高校的校领导班子成员由上级党组织和人民政府任免。行业特色高校的党委要积极主动与上级党委和政府协调，尽量争取与本校特色学院相符或相近的领导干部到学校任职，使其在行动中自觉服务特色，强化特色。完善干部培训机制。要定期进行干部培训，把国家高等教育发展趋势、学校特色、同型同类大学、对标大学的发展状况作为培训的主要内容。通过培训强化广大干部特色发展的共识。

（二）制定符合学校实际的战略规划

与传统的经验管理相比，战略规划是一种更主动、目标更明确的管理方式。行业特色高校要加强战略研究，提高战略规划的质量。战略规划是在理性研判的基础上制定的，既要分析国家、区域行业的宏观形势，更要厘清自己的特色和优势。Z 大学的战略规划在目标设定上充分把握了宏观形势，而与自身实际结合得不够密切，导致设定的发展目标放在不少大学都行，缺少了个性。战略规划要增强操作性。要把战略目标细化为可操作的具体行动，减少执行主体自由裁量的空间，预防规划成为一纸空文。要对规划适时评估调整。当今世界正经历百年未有之大变局，新一轮科技革命和产业变革深入发展，高等教育得到飞速发展。如《河南省高等教育发展规划（2004—2020）》中提出，到 2020 年高等教育毛入学率达到 33%，而实际达到了 51.86%。为了适应这一变化，行业特色高校要结合形势变化，对战略规划适时进行评估，调整升级。

第三篇　新时代行业特色高校的战略管理

第七章　资源获取视角下行业特色高校的发展战略演变

　　行业特色高校是我国高等教育体系的重要组成部分，在办学历史上长期由行业主管部门管理，为行业科技创新和人才培养做出了重要贡献。21 世纪初，我国行业特色高校经历了"行业属性"到"教育属性"的身份转换，绝大多数行业特色高校由行业主管部门划归教育部或地方教育主管部门管理，其与行业及相关企业的关系也发生了相应改变。

第一节　资源视角下行业特色高校的三个发展阶段

　　高校的发展水平与资源投入程度紧密相关。行业特色高校历经行业办学、教育部办学、地方政府办学及多方共建等多阶段不同层次的战略跃迁，其实质是获取更多的办学资源。从资源获取的角度看，行业特色高校的资源获取主要可以分为三个阶段。

（一）资源分配阶段（约 20 世纪 50 年代—2000 年）

这一阶段主要是行业特色高校划转之前。在此阶段，行业特色高校归属行业部门管理，行业部门按照计划直接分配办学资源给其所管理的高校。行业主管部门发挥了较好的产学研协同统筹作用，既充分了解行业企业的技术需求，又可有效地指令行业特色高校和行业科研院所各司其职开展科学研究和人才培养工作。

（二）资源竞争阶段（约 2000—2012 年）

这一阶段主要是行业特色高校划转初期。在此阶段，行业特色高校划转教育部或地方教委管理，其身份从为行业服务转变成为高等教育和区域经济社会发展服务，在战略上发生了根本性的转变。这种战略转变带来了两个显著的结果：一是行业属性淡化。由于与原行业主管部门失去了行政隶属关系，行业特色高校的办学资源也相应地由行业主管部门分配变为教育部门分配，而教育部门的资源分配显然不是以行业发展为优先导向的，这造成了行业特色高校发展方向的失焦。为了获取更多办学资源，部分行业特色高校甚至选择放弃优势学科和行业方向，向综合性高校发展。二是既往的合作关系失效使行业特色高校首次进入竞争状态。由于不再有行业主管部门协调各方合作关系，原有的稳定合作机制被打破，行业特色高校进入了一种开放性的竞争环境。这种竞争一方面来自综合性甚至行业内其他高校，包括但不限于对行业资源、国家科研项目、师资人才的竞争；另一方面，行业企业可以自由选择更高水平的综合性高校开展科技合作，也使得行业资源被分流。

（三）资源协同阶段（约 2012 年至今）

这一阶段是面向更高质量科技创新的跃迁。一方面，建设创新型国家上升到战略高度。党的十八大以来，科技创新驱动经济转型发展成为国家战略，对高校也提出了更高的要求。另一方面，行业科技发展进入深水区，企业对基础性、非对称性和前沿性技术需求更加强烈。在此背景下，单一高校、单一学科都难以支撑新的科技研发需求，只有通过搭建协同创新机制，实现行业特色高校、行业企业、科研机构的强强联合，才有可能解决当前行业面临的重大科技问题。

第二节　行业特色高校的四种发展趋势

根据行业特色高校优势学科和所在行业的特征，可以将行业特色高校的当前发展趋势归纳为四类，如图 7-1 所示。

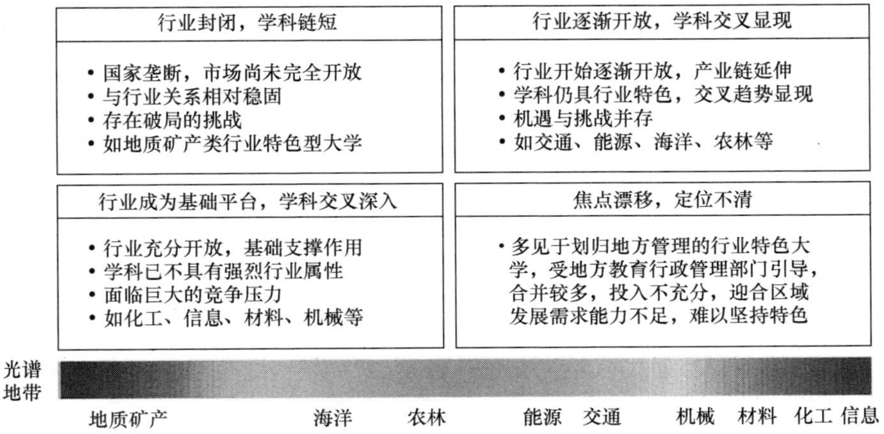

图 7-1　行业特色高校的四种发展趋势

第一类：学科链短，行业封闭

这一类高校所属行业相对固化，大多属于国家垄断行业，市场尚未完全开放，因此行业特色高校尚能与所在行业保持较好的结合度，关系相对稳固，但是存在明显的发展破局挑战。地质类、矿业类、石油类等高校大体属于此类。

第二类：学科交叉显现，行业逐渐开放

这一类高校所属行业开始逐渐开放，产业链开始延伸扩展，行业对于技术的融合创新需求开始显现，优势学科仍具有行业属性，对行业特色高校提出学科交叉需求，机遇与挑战并存。交通、能源、海洋、农林类高校均属此类。

第三类：学科交叉广泛深入，行业成为基础平台

这一类高校所属行业通常是完全开放的，已经成为国民经济发展的基础支撑，学科已经不具有强烈的行业属性，学科交叉融合发展明显，行业特色高校面临着来自各方面的巨大竞争压力。信息、化工、材料、机械类高校均属此类。

第四类：焦点漂移，定位不清

这一类高校多见于划转地方的行业特色高校，由于此类学校在划转地方后，其行业特色优势与地方经济发展关联度不高，导致此类高校难以获取更多的办学资源，逐渐产生了"去行业化"的漂移，战略定位不清。

第三节　行业特色高校发展战略的实施策略

一、强化特色，科学拓展

对于第一类高校，应坚持"强化特色，科学拓展"。这一类高校所在的行业相对封闭，行业资源相对垄断，但行业封闭造成了学科面相对窄。这一类高校为了实现可持续的竞争优势，应基于资源基础理论，在其独特的行业资源和能力基础上，发展并积累有价值的、稀缺的、模仿成本高的学科领域（VRIO 理论），从而逐步科学拓展优势学科群。例如，为实现"十四五"规划纲要提出的"双碳目标"，传统碳基能源行业势必受到较大影响，相关行业特色高校就必须拓展清洁能源等学科，但这种拓展应基于传统优势领域的基础。

二、使命驱动，持续发展

对于第二类高校，应坚持"使命驱动，持续发展"。这一类高校行业特色依然在，但是行业升级换代和产业链逐渐扩展交叉。然而，这些行业通常是国民经济的命脉业，国家对这些行业建立了完善的顶层战略，例如交通强国、海洋强国、美丽中国等战略，为这类高校提供了基于使命驱动发展的路径。这些高校必须准确把握国家战略机遇，围绕产业升级和产业链的延伸与扩展，做好学科发展战略管理和部署，为学校的持续内涵式发展开辟道路。行业特色高校的人才培养、科学研究和队伍建设独特优势均来源于"应行业使命而生、服务行业而发展"的办学传统，天然具有"三位一体"、整合式创新的内在聚合力。实施"使命驱动创新",发挥行业特色高校现有的独特优势,是实现主动引领行业发展、异军突起,开辟新优势的关键所在。

三、创建一流,融合发展

对于第三类高校,应坚持"创建一流,融合发展"。这类高校所在行业已经成为基础性的行业,其优势学科与行业属性的关联逐步淡化,并越来越表现出基础学科的发展特征。因此,这类高校应遵循学科建设的基本原则,依据学科组织生态理论实现融合发展。通过建设一流理科来强化一流工科,以支撑强大工科发展的完备性、内生性原则有选择的建设一流理科,持续强化和拓展在工程技术领域的优势;以建设特色管科、文科来向一流学科特色大学发展,突出管科、文科与行业特色的交叉融合,适度繁衍交叉学科和新兴学科,为行业发展提供政策供给和智库支撑。

四、回归本源,聚焦发展

对于第四类高校,应坚持"回归本源,聚焦发展"。这一类高校主要是划转地方的行业特色高校,由于划转地方管理,其发展路径也应以服务地方经济社会发展为主要目标。而且,这一类高校也多为应用技术型高校,培养高水平工程技术人员是其人才培养的重要目标,而学科建设不是学校发展建设的主要任务。这类高校应围绕新工科、新文科、新医科、新农科等国家人才培养需求,回归本源,聚焦长期积累的行业技术人才培养优势,以提高行业特色人才培养质量来实现特色发展。

总体来说,上述第一、二、三类高校,主要还是面向高水平行业特色大学，原本是行业的"领头羊"，行业特色和学科优势具有先天的强相关性，如何能够继续保持行业领先优势并在提升一流学科建设水平是其重要战略目标。归纳这三类学校的发展趋势，是资源视角与学科视角并重，从资源入手，从学科出口。三类学校的主要依托学科群的冷热程度也是显而易见的，但是随着科技经济社会的发展，这样的冷热也会有所转化和漂移，特定到一所高校的发展趋势也会从一个类别过渡到另一个类别。因此说，对于三类发展趋势的归纳是"渐变光谱式"的，并不存在明确的边界，而相应的创新发展建议也不是仅仅针对某一类型高校，而是在特定的发展阶段更为合适的创新发展路径，三类建议需要统筹规划，以设计适合每个行业特色高校自身发展的独特发展路径。第四类学校由于很多并不担负引领行业和学科建设的责任，因此其发展趋势所关联的影响因素更多，包括政府、学科、产业、社会、地缘等多方面，非常值得进一步梳理分类。无论如何分类，牢牢把握立德树人根本任务，不断提供特色人才培养质量，一定是学校长期稳定健康发展的必由之路。

第八章 省属行业划转院校发展战略的实施路径和策略

第一节 省属行业划转院校发展状况的基本影响因素分析

从我国的高等教育体系来看，省属行业划转院校处于我国高等教育系统的第二方阵，居于区域高等教育系统的第一方阵，对于地方的社会经济发展具有重要的影响。在破五唯的情况下，高校更应该将自身的发展同区域经济社会的发展联系起来进行分析。这些高校更应该定位于应用研究型高校。目前一些省份，如吉林省、山西省也明确地将这些学校定位于应用研究型或研究应用型。强调这些高校相对于省内普通的本科高校具有很强的研究能力，但是相对于部属高校来讲，省内高校的基础研究总体是薄弱的，难以承担起基础性知识创新的作用，但是这些高校完全可以在应用创新方面发挥优势，在应用研究型人才的培养方面发挥优势。

资源是影响高校发展的关键因素。省属行业划转高校的发展在很大程度上取决于学校的学科禀赋（特色和优势）同地方产业发展的契合度、高校与所在省份高等教育需求的一致性以及地方政府财政对行业划转院校的支持力度等。通常而言，如果行业划转院校的学科禀赋（优势与特色）与地方产业契合度高、地方政府的支持力度大，同时比较适合所在省域学生及其家庭的高等教育需要，这类行业特色高校即便没有相关部委的支持，仍能发展得很好，其发展速度甚至可能会超过部委主管时期。反之，其发展就会遇到重重障碍。所在省份高等教育需求、地方产业的契合度和地方财政的支持都可以看作地方提供的某种资源，行业特色高校的发展除受到学科秉性与地方资源的匹配性的影响外，还会受到学校在原行业资源的影响，以及学校主动性的影响。学校的主动性包括学校的发展方向的确定、战略规划的制定、战略规划的实施能力以及领导班子的驾驭能力，学校的主动性在很大程度上调节着学校的学科秉性、地方资源、行业资源之间的匹配性。在某种意义上讲，学校发展状况实际上是学校的学科秉性、地方资源以及学校主动性的函数。

第二节　省属行业划转院校发展状况及其类型

行业特色高校在由国家行业主管部门划转到省级教育部门管理后，其发展呈现出多样性，尽管有些高校仍然坚守主业，其原有的学科专业仍在不断地强化和拓展，在全国范围内仍能保持着重要的学术影响力和对行业的影响。但也有相当一些行业特色高校，则逐渐淡化主业，甚至丧失了主业，与原有的行业联系丧失，服务能力不强。还有一些学校在专门化特色发展、多学科发展、综合型发展上不断摇摆，因而丧失了学校的发展机遇。

影响行业划转院校的各种因素之间存在着各种组合的可能性，因而学校的发展结果自然就会出现较大的差异。为进一步分析，我们根据影响行业划转院校发展的基本因素，将省属行业划转院校的发展大体上分为如下四类：

　　第一类是学校学科专业的行业特色与地方产业和地方需求存在着显著差距，仍然能够凭借其在行业中长期形成的地位和影响力获取其发展所需要的资源，因此仍然坚持在原行业发展。这一类高校可能与所在省市地域的结合相对较弱，或者很难与所在的地方相结合，因为地方产业不发达，或者是没有相关的产业相结合。比较典型的如划归吉林省的长春理工大学、东北电力大学，湖北的武汉纺织大学、西安工程大学等。

　　第二类是学校的学科专业的行业特色与地方资源有一定的契合度，行业资源仍较丰富，仍具有较强的吸引力，甚至行业资源的重要性大于地方性资源。这类高校通常既重视在行业的发展，同时又重视与地方的产业发展和经济需求相结合，所以能够在保持行业性的同时兼顾地方性。例如，原属化工部的武汉工程技术大学，原属水利部的华北水利水电大学等都属于这一类型。一些学校在保持行业鲜明特色的情况下，也在积极地向行业之外的方向拓展，如华北水利水电大学在河南郑州外的其他地市，如信阳市设立新校区，试图做大学校规模，获取更多办学资源。

　　第三类是学校学科专业的行业特色与地方资源有一定的一致性，但是对于该校来讲，行业资源的丰富性、聚集性较弱，在行业资源获得的优势并不明显；或者是行业本身处于夕阳产业导致行业资源较为贫乏，而地方资源相对比较丰富，获取相对容易，因此学校会逐渐淡化行业特色，甚至放弃掉行业特色，寻求多科化甚至综合性的发展道路。这类高校比较典型的如北方工业大学，原属于有色金属总公司下的一所院校，划转到北京市之后，与北京市的产业并不一致，学校逐渐淡化了原有的行业特色，而增加了一些可能与北京市的产业发展相一致的学科专业。又如河南科技大学，最初是为配合建国初期一五期间在洛阳的重大建设项目而建立的学校,后成为洛阳工学院,进一步发展成为河南科技大学,其拥有国内唯一的本科轴承专业。目前学校向综合性方向发展,虽然以工科为特色,但也发展了医学,并拥有医学专业博士学位点。常州大学也属此类高校。

当然,需要指出的是,这类高校的发展同地方产业发展水平和地方政府的支持力度有直接的关系。即便行业特色高校的特色优势学科与当地的产业有较好的结合度,但当地的产业发展水平并不足够强,当地的财力支持不够,也会给高校的发展带来不利影响。在这样的情况下,高校更倾向于多元发展,甚至逐渐会偏离主业。如郑州轻工业大学是一所行业性高校,尽管该校的主要优势学科仍在与轻工业相关的学科,且该校围绕着轻工业方面有一定的拓展,该省的轻工业虽有发展,但并不很发达,也影响到该学校的发展。最典型的是,如果当地与行业特色高校相契合的支柱产业一直是不景气的,那么行业特色高校与当地行业的结合也使得学校发展陷入困境。例如,吉林化工学院因为依托的行业衰落,地方资源相对匮乏,从而导致学校发展较缓慢。河南工业大学原是郑州粮食学院,是一所典型的行业学院,但在发展过程中,从目前的专业设置及教师们的研究方向来看,除个别院系(如粮仓土建)外,其与粮食行业的关系已较为弱化,可以说在很大程度上偏离了原来的优势特色。这可能与行业特色高校所在行业过小,相关专业范围过窄,从而难以支撑学校的发展有关。

第四类是行业特色高校的特色与地方的需求基本一致,甚至完全一致,从而获得了地方政府大力支持,因此仍能够保持鲜明的行业性特点。这类行业划转院校实际上涉及多种学科类型,并不一定局限于理工类学科,社科类尤其是财经类、艺术类高校，如上海财经大学、安徽财经大学，这些学科属于轻型资产，也属于文科中的"热门"专业，很受考生及考生家长的青睐。在这样的情况下，尽管这些学科专业的发展未必直接能够从行业企业中获得重要的资源支持，但可以从生源角度或者是市场角度获得发展的机会。此外，电子信息类行业特色高校，因为所处行业是朝阳产业，具有技术进步快、市场需求大、从业人员收入高等特征，既受到地方政府的青睐，也受到考生及家长的青睐，因而受到地方政府的高度重视。这类学校也能够有意识地保留自己的特色，典型的如杭州电子科技大学等。这些行业特色高校的优势学科与所在省的热门专业有着高度契合性，因此获得当地生源的追捧，以及当地政府的大力支持。这样的高校并不存在发展方向的转向问题，仍然能够在发展中保持自己的学科优势和行业优势。一些行业特色高校的基本学科专业属于不受考生或家长特别青睐的"冷门专业"，如地矿油等，但如果这些学校所在区域的资源非常充足，即便地方政府财政投入不足，这些学校仍然可以依靠当地的产业获得丰厚的科研资源，支撑起相关学科和专业的发展，因此这些学校仍会保持较强的学科特色，比较典型的如四川的成都理工大学、西南石油大学，陕西的西安石油大学、西安科技大学、武汉科技大学等。在经济发达地区，因为地方政府财力比较雄厚，高校的发展通常能够得到地方政府的大力支持，一些新兴产业尤其如此。在这样的情况下，一些划转到地方的省属高校则往往能够借助于地方政府资源保持学校的学科专业特性，比较典型的是南京信息工程大学，突出了气象学科，与江苏的多个地方政府合作，积极发展气象产业。

以上四种类型的划分更多是一种"理想型"，只是突出了一些高校最显著的一些特点。从以上四种类型院校的发展看，资源获取对学校的发展起着决定性的影响。在这四类院校中，从行业特色的保持来看，第一类高校和第四类高校是两个极端，很明显第一类高校的发展遇到了非常大的困难。在第一类高校中，划转到地方的院校，在地方资源难以支撑其原有影响力和地位的情况下，则利用其原有的行业影响力积极寻求行业或省域外的产业集聚区的支持，实施走出去的战略，如长春理工大学实施在广东和重庆建立新的发展支点的策略，如以纺织为特色的武汉纺织大学、西安工程大学，因为相关的产业主要在东部沿海地带，因此这些学校的学科专业发展则采取了舍近求远的策略，把发展的重点放在东部地区。

第二类院校和第三类院校的发展由于处于中间状态，多数学校基本上采取了多学科式的发展策略。至于学校以行业为主还是以地方支持为主，则主要取决于行业资源与地方资源的吸引力。实际上，即便学校整体上有偏离原行业特色部门的倾向，但是如果所在行业有专门的特殊的需求和资源，这些学校仍能获得较好的发展机会，如郑州轻工业大学的烟草学院，该学院与国家烟草专卖局共建，有稳定的经费来源，学校在相关的烟草产业的发展中具有重要的影响力；再如河南工业大学土建学院的粮仓建设，在粮仓建设方面有长期的积累，能够获得国家的持续支持。

以上四种类型中，从政策关注的角度看，最值得关注的就是第一类高校的发展。这类院校在相关行业中仍有着重要的影响，但是受到所在省域政府的产业以及产业的影响。这类学校应该给予更宽松的政策，鼓励这些学校凭借自身多年形成的优势，同资源地建立密切的联系，获取关键资源求得发展。这些资源地可以是其他省份的产业聚集地，也可以是原来所服务的行业中的大型的国有集团企业等。在加强这些高校同国有大型企业的合作方面，政府应该出台措施给予积极的引导。

第三节　不同类型省属行业特色高校的发展战略与学科布局

学校发展的战略规划在很大程度上是以学科专业规划为核心的。行业特色高校在划转成地方院校后，其学科布局上都有不同程度的拓展，许多原本单一学科的行业特色高校开始向多学科发展，只不过学科拓展的宽度和拓展的目的及动机有很大差别。

一、划转院校学科专业发展的策略

第一类高校和第四类高校，尤其是第四类高校，存在着较为突出的学科专业拓展较少的现象。由于行业划转院校能够持续地从行业（主要是当地的龙头企业）中获得学科或专业发展的资源，因此这些院校对于向其他学科扩张并不有特别强烈的动力。这类院校典型的有西安邮电大学、西安科技大学、西安工程大学、西安石油大学、西南石油大学等。

在第二类高校中，尽管行业特色仍具有主导性，但是学校也开始积极地向地方性拓展，从而获得地方资源支持；相应地，这类高校就需要增加地方所需要的学科专业。

在第三类高校中，由于行业资源不能够支撑划转院校持续地快速地发展，这些行业院校则转型为地方性院校，甚至向综合性高校发展。

二、行业划转院校高质量发展问题分析

高校的高质量发展最终体现在学校学科专业的整体发展水平上，体现在这些学科专业在全国的竞争力，以及这些学科专业在行业的知名度和对行业的服务能力上。也就是说，高校的质量不在于"大而全"，而在于"高"和"强"。从这个角度来看，四类划转院校在学科专业发展上都还存在着一定的问题。

仍然保持着鲜明行业特色的高校在学科专业发展上的问题主要在于学科链太短，一级学科很少，大多数学院都可能是一级学科下的不同专业而已，最典型的是财经类大学。学科链太短，交叉学科难以发展，不利于应用型、创新型和复合型人才的培养，也不利于解决行业企业面临的关键性问题。

在发展多学科的过程中，第一类院校，如长春理工大学、东北电力大学在坚守原有的优势学科的同时，也开设了其他类学科，但总体来讲，拓展其他类学科的主要目的在于实现规模上的突破，以获得更多的生均经费，从而重点支持优势性的学科。严格来讲，受制于资源的有限性，这些拓展出来的学科并没有得到很好的发展。

对于第二类和第三类高校而言，有意识地增强学科的多样性，有意识地培养新的学科增长点，可以扩大学校的规模，增强学校的社会影响力。但就学科专业来看，存在的风险是传统的优势逐渐减弱淡化，而新的学科优势可能没有培育出来，仅仅是扩大了学校的办学规模，通过学校的规模增加了学校的经费，存在着大而不强的问题。

第四节　分类施策促进省属行业划转院校高质量发展

一、四类行业划转院校的高质量发展路径

四类行业划转院校存在的发展问题不尽相同，高质量发展的路径也不同。

第一类划转院校，应加强与行业的联系，通过服务行业固本强优。

第一类院校面临着较大的办学风险和较高的办学成本，需要引起高度重视。这类高校往往在全国范围内的行业领域有较高的知名度和较大的影响力，应鼓励这类高校加强与行业的联系、与行业资源聚集地的联系，更好地服务行业。通过服务行业，巩固甚至提高这些行业院校的特色学科专业在全国的地位。例如，允许和鼓励这些高校与行业共建，与行业资源集聚地共建二级学院或研究院等。同时，所在地的省级政府应积极扶持划转院校特色学科专业相对应的产业，行业特色高校应与所在地政府合作推动优势学科专业相对应的产业发展，可以通过产业园区建设等策略实施。例如，长春拥有在行业知名度很高的国家级科研机构——长春光机所。吉林省政府和长春市政府应有效利用长春光机所的科研资源，以及长春理工大学的教育资源，大力发展相应的产业。

第二类划转院校，重点是要保持高质量发展，扬长避短，固强拓新。

这类高校既拥有全国或区域性的行业资源，也拥有当地资源，既面向行业发展，也面向地方发展，且这类高校中面向的行业仍是广阔的，不断发展

的。对于这些划转的行业院校而言，关键在于尽可能地强化优势，依托原有优势，在原有的行业中继续发展，巩固其在原有行业中的地位；在坚持原有行业特色的同时，适当地发展与原有优势学科相关的新学科，以优势学科带动新学科，走高质量发展之路，而不是盲目地扩大学科专业的数量与规模。如果这些行业院校的优势丧失，新的学科难以成长起来，则这些学校的地位就会不断地下降。

第三类划转院校要对地方产业进行精准分析，更深入开展校地结合。

这类高校就其发展而言，其所依托的行业式微衰败，不能成为划转院校发展的依靠，或者是划转院校在行业内的影响力减弱，不能靠自身的影响力带动产业发展，而相对来讲，地方上拥有较多的资源。这类高校将服务地方产业和经济发展作为最重要目标。这类院校最重要的是需要加强校地结合，精准分析地方的产业需求，与地方建立良好的互动，形成的新的增长点和有竞争力的学科专业。比较典型的例子是北方工业大学和常州大学等。

第四类划转院校则需要鼓励深化产教融合，助力行业院校发展。

这类划转院校与第一类划转院校的共同点就是明确地将学校的发展立足于行业，最大的不同点在于第四类院校的行业资源与地方资源高度重合，形成了划转院校发展可靠的资源基础。对于这类院校，需要进一步深化产教融合，针对行业的关键技术问题或者是共性平台问题，与行业结成更紧密的团队；行业院校应该与这些行业结成利益共同体和命运共同体，在行业不景气时或者行业企业发展遇到技术瓶颈时，行业特色高校更应该积极参与行业企业的技术研发，提升行业企业的竞争力。

二、以强化特色为导向构建学科专业体系

高校发展是学科专业建设的目的，学科专业建设是高校发展的手段。特色学科专业建设是行业特色高校高质量发展的基础。地方行业特色高校应统筹学校整体发展和学科专业建设工作，突出行业特色，构建并完善切合办学定位、互相支撑发展的学科专业体系。

提高特色学科在全部学科中的比重。为了适应高等教育大众化和普及化需要，行业特色高校大多经历了以扩招、办新校区等为主要标志的外延式发展阶段。随着新时代的到来，分类发展，特色发展将是我国高等教育高质量发展的基本特征。在第四轮学科评估中提出了"学科优秀率"指数，即 A 类学科数占全校博士硕士授权学科数的比例。国家希望通过公布学科优秀率，帮助学校发现学科布局不足，调整谋划适合本单位发展的优势布局。国家希望通过政策引导，有效遏制高校"大而全"的发展状况。行业特色高校在学科建设中要结合特色认真研判，实现能上能下，把与学校特色结合不紧密、没有竞争优势的学科逐渐优化掉，围绕学校特色服务社会需要申报交叉学科。

围绕学校特色衔接产业链加强专业群建设。随着经济社会的发展，社会生产的集约化程度越来越高，行业特色高校的特色所应对的行业的外延会不断扩张，完全按照国家学科门类对应的专业设置已经不能适应发展的需要。依照产业链构建专业链，培养社会需要的人才，是行业特色高校专业设置的基本规律。行业特色高校要不断深入研究本校特色对接的产业，理清产业链上的环节，研判本校的基础条件，适应产业链延伸对人才培养的需求，将若干个面向产业链各环节或层次人才需求的，且具有内在关联性的专业进行系

统规划，集群化建设，实现要素创新、资源共享、提质增效。

三、以社会需要为导向构建科学研究与社会服务体系

提升服务行业和区域发展的服务能力是行业特色高校服务国家、服务社会的主渠道。行业特色高校要主动追踪行业技术发展趋势，主动承担重大科技专项和行业共性关键技术的研发任务，促进重点产业核心竞争力的提高，在产业结构优化升级中发挥不可替代的作用。

要从自身特色出发，助力和催生地方高峰产业；要主动与地方结合，打造品牌项目，引领区域发展。要主动与行业企业结合。不仅要重视与大企业的合作开展重大科技攻关，在解决行业发展"卡脖子"问题上发挥作用；同时，还要重视与中小企业的合作开展应有研究，把应用研究融入教育过程，通过各类学生，特别是专业硕士参与研究，以提升人才培养质量。

四、以贡献为导向构建校内评价体系

有效的评价体系对高校的发展起到保障作用。高校的评价体系内容丰富，但对学院的评价和对教师的评价是最基本内容。行业特色高校要加强顶层设计和引导，建立多维的学院评价和教师评价。

加强顶层设计，明确学校的"为"与"不为"。在每个群体中，都有不顾道德规范，一有可能便采取机会主义行为的人。有效的治理就是通过构建符合组织发展目的的评价制度，限制"机会主义行为"的产生，引导组织成员共同努力实现组织目的。行业特色高校发展路径与综合性高校的发展路径区别在于，保持和强化特色是学校发展的基础。要在学校层面区别特色学科

和一般学科发展的不同评价标准，要明确原创成果与非原创成果不同的评价办法。要通过一系列的评价制度，明确学校的发展重点。通过结果的使用，引导广大师围绕学校特色开展工作。

对学院实行分类评价。新时代政府对高校以宏观调控，政策引导为主。高校应提升政策的研判能力，精准的把握国家宏观政策导向。在这一前提下，行业特色高校依靠学校一级研判已经不能适应形势的变化，需要调动二级院系参与决策，甚至是成为决策的主体才能适应新的变化。构建以贡献为导向的学院分类评价，对引导不同类型的学院科学定位，办出特色和水平有重要的保障作用。根据学院与学校特色相关度可以分为研究型学院、教学研究型学院、教学型学院和保障型学院。针对不同类型的学院制订不同的评价标准，对于研究型院系，实行任期考核，设定任期目标，不按照年度考核；对于教学研究型院系实行单项考核，设定重要目标，按照规划考核；对于教学型和保障型院系，设定年度核心目标，实行年度考核。

以贡献为导向制订教师评价体系。以促进教师潜心教学和科研，突出育人功能与成效，产出高水平成果为导向，认真贯彻"效率优先，兼顾公平"的分配原则，在职称评聘、教学科研评价、报酬发放等方面适应新时代的要求完善相关制度。职称实现评聘分离，充分使用任期考核结果，聘任实现"能上能下"。教学科研评价在突出师德评价的基础上，建立以职称分级为基础，以业绩贡献为主要标准。报酬发放要提高业绩与报酬的相关度，加大上下浮动的比例和幅度，对于有特殊贡献的教师报酬可以突破职称等级的限制。通过教师评价激发广大教师干事创业的积极性。

第四篇　新时代行业特色高校的校企、校地协同创新

第九章　行业特色高校科技创新协同问题与价值共创逻辑

第一节　行业特色高校和行业企业科技协同创新的主要问题及分析

一、行业科技创新协同存在的主要问题

行业部委撤销和行业特色高校划转导致行业校企科技协同创新呈现出组织关系"松耦合"、行业科技创新"弱协同"的特征。

在行业部委办校时期，行业特色高校、企业和科研院所同属于行业部委管理，不同创新主体在组织关系上"紧耦合"。行业部委通过行政权力可以直接决定行业科技创新资源的分配，并明确不同创新主体在产业创新链中的角色分工。这种分工甚至在属于同一行业的不同高校之间也十分明确。因此，在这种"紧耦合"的组织互动下，行业特色高校、企业和科研院所各司其职，建立了稳定的行业科技创新合作机制。同时，行业部委扮演了行业科技创新

的最佳协调者角色，各创新主体受其统筹，紧密互动，有序衔接，实现了行业科技创新的"强协同"。

然而，在行业部委撤销和行业特色高校划转后，行业创新主体分属不同行政部门管理或自身属性发生转变，战略目标和价值主张出现分化，各主体在组织关系上趋向无制度约束的"松耦合"，行业科技创新的"无组织"化使得协同创新的效率大大降低。同时，行业部委撤销或职能转变使得协调者角色消失，各主体之间又缺少自发形成协同创新的机制，导致趋向"弱协同"。当前在制度、组织、平台、人才、思想等维度都存在着不同程度的协同难问题，影响了行业特色高校对行业科技创新的效率。

（一）制度协同问题

科技协同创新能否取得实效，很大程度上受科技创新政策、教育管理政策和产业发展政策供给和政策联动影响。因此，良好的制度协同是确保高校、企业和科研院所高效协同的关键。然而，当前的制度协同仍有较大改善空间，尤其是在行业主管部门撤销以后，行业科技创新分工者和协调者消失，各创新主体之间没有自发形成协同创新制度共识，行业科技创新逐渐趋向"弱协同"。例如，一位大学校长谈道："行业特色高校与企业之间普遍存在'壁炉现象'，校企协同呈现明显的'高校热、企业冷'的单边态势，在当前以企业为创新主体的制度环境下，高校在校企合作中往往缺少话语权。"校企双方目标不尽相同、利益诉求不一致等问题长期困扰行业科技协同创新，难以实现真正的长期性、深层次协同创新。从政策的制定主体来看，央地之间、部门之间政策集成和联动尚未形成真正合力，促进行业科技创新发展的各类科技、财税、金融、产业政策仍需进一步整合。从政策制定的参与者来看，行业特色高校在行业科技创新政策制定中的影响力和话语权均明显不足。例如，一位大学校长谈道："原来行业主管部门可以把学校和行业紧紧捏在一起，然而在行业特色高校划转以后，原来的行政主管部门没有了，行政管理的弱化在一定程度上减弱了学校与行业之间的联系，导致行业科技协同创新效率其实降低了。"因此，在当前的制度协同环境下，行业特色高校更应该主动和行业发展保持协同，有校长认为"行业特色高校与行业企业和科研院所是一种既合作又竞争的关系，因为在行业院校划转后，各自界限逐渐淡化，市场化竞争加剧，就需要服务和支持行业大院大所大企业的发展，从中寻求学校的长远发展"。

（二）组织协同问题

行业特色高校与行业企业、科研院所等创新主体在组织协同上呈现出"松耦合"的特征。在行业部委撤销和行业特色高校划转前，行业特色高校、企业和科研院所同属于行业部委管理，不同创新主体在组织关系上"紧耦合"。行业部委通过行政权力可以直接决定行业科技创新资源的分配，并明确不同创新主体在产业创新链中的任务分工。例如，一位大学校长谈道："在原来，行业特色高校更多是从事基础研究和关键技术的突破研究，科研院所重点在工程化研究，工厂做产出，各自有明确的分工界限。"这种分工的确定性甚至在属于同一行业的不同高校之间也十分明显，例如，一位大学校长谈道："同属于林业行业的北京林业大学、南京林业大学和东北林业大学，在林业栽培育种、林业采伐和林业机械、野生动植物保护、林产品加工等林业产业链和科技链的不同学科或环节各有优势和侧重，这也与各所学校的发展历史相关。"因此，在这种"紧耦合"的组织互动下，行业特色高校、企业和科研院所各司其职，建立了稳定的行业科技创新分工合作机制。然而，在行业部委撤销和行业特色高校划转后，行业创新主体分属不同行政部门管理或转变自身属性，具有不同的战略目标和价值主张，各主体在组织关系上趋向无统一约束的"松耦合"。例如，一位大学校长谈道："科技体制改革后，原来科技资源获取模式发生了很大的变化，从国家角度来看更有效率、更有针对性，但是行业科技需求现在需要通过向科技部申报而非行业主管部门直接提交。"这种科技创新方式的改变一定程度上也造成了行业科技创新组织间协同的弱化，原先有组织的行业科技创新开始变得"无组织"化，不同创新主体通过分工与合作实现协同创新的效率有所降低。

（三）平台协同问题

为更好发挥各自的资源优势，协同开展科技攻关，引导创新要素集聚，我国许多企业与高校、科研院所等纷纷建立了科技创新平台。目前，科技创新平台已经成为优化和集成科技资源开展科技创新活动、推广科技成果的重要载体。然而，高校的科技创新平台往往难以吸引行业企业长期合作。例如，一位大学党委书记提道："大学建立科技创新平台长期看效果一般，尤其是在企业建立自己的研究院后，往往就不再依赖大学开展科研，毕竟用自己的研究院指挥起来更方便，比指挥大学教授科研更容易。"行业特色高校难以长期持续与行业企业协同创新的问题与行业特色高校的优势在应用创新而非基础创新有关，尤其是在以中国石油、中国石化、宝武集团为代表的大型工业企业成立自己的科研院所以后，其技术和应用创新对行业特色高校的依赖度明显降低。一些行业特色高校转而采用与大型企业的科研院所合作，进而建立与行业的紧密联系。例如，一位大学校长谈道："学校的发展要服务和支持行业大院大所大企业的发展，从中求得学校的发展，这种定位被行业广泛接受，取得了良好的效果。"值得指出的是，如果行业特色高校在行业领域内确实具有领先的科技创新能力，依然是企业无法替代的合作伙伴。例如，一位大学校长谈道："某大型企业，在遇到技术瓶颈时也想通过自己的研究所进行突破，但最终还是选择与我们合作，因为我们在这个领域确实在国内是数一数二的。"行业协会在校企协同科技创新中发挥着重要的信息平台作用，汇聚了重要的信息资源，但是其在校企协同中的媒介重要性往往被低估了。例如，一所大学的校长说道："行业协会有助于拉近行业特色高校与行业内单位之间的相互关系，也会让学校了解更多行业信息，掌握更多行业需求，对学校建立校企关系是不可或缺的。"由此可见，要想真正发挥平台的协同作用，不仅需要行业特色高校真正具备解决企业问题的能力，也需要通过平台来强化行业科技协同的供需匹配，促进校企对接。

（四）人才协同问题

科技协同创新本质上是知识在高校、企业和科研机构之间的转换和提升的过程，而人才协同是这一过程的重要形式之一。与综合性高校更偏重基础科学研究不同，行业特色高校更加重视学生解决工程实际问题的能力，这需要与企业在人才培养上深度协同。例如，一位大学校长谈道："行业特色高校的人才培养，应该和企业紧密结合，应该强化专业学位的人才培养，要真正让学生进入企业、了解企业在做的事。"为了让学生更加深入行业实际，一些行业特色高校通过项目式教育培养学生的工程能力。例如，一位大学校长谈道："科学在于发现，技术在于发明，工程在于建造，行业特色高校培

127

养的应该是创新型工程师的毛坯，至少具备初步的工程训练，而不仅仅是会写学术论文。"行业人才尤其是高级工程人才的培养，企业应该发挥越来越大的作用，但目前无论是本科生还是博士研究生等高端人才的培养，企业的参与都远远不够，这既不利于行业特色高校提升拔尖创新人才的培养质量，也不利于企业真正成为创新主体。创新需要校企双方共同努力。一位大学党委书记谈道："在企业作为创新主体的过程中，高校承担着协同企业成为创新主体的责任，要支持企业成为创新主体，不断给企业提供新的技术，为企业培养人才，这样才能真正实现校企协同发展。"值得指出的是，除了协同开展人才培养，高级管理人员的协同也是人才协同的一部分。一位大学校长谈道："应该建立起企业人才和高校人才的交流机制，让学校的处长院长可以去企业任职，企业的高管也可以到学校任职，这样才有助于双方互相充分了解。"通过建立高级管理人员的交流机制，既可以促进企业和学校相互学习对方先进的管理经验，也有助于学校和企业的战略合作落地。

（五）思想协同问题

思想协同更多是一种战略层面的协同，是政府、高校、企业和科研院所等行业重要参与者对于行业发展现状和未来趋势的共识。高校作为智力资源的载体，拥有人才和科研优势，具有为政府提供决策咨询、引领社会思想的重要使命和职责。以斯坦福大学胡佛研究所等为代表的美国高校智库在政府决策中发挥了重要的作用，并具有世界影响力。行业特色高校拥有长期的行业技术积累和丰富的行业知识，然而其在行业政策制定中的作用被低估了，尤其在院校划转后其政策影响力逐渐降低。例如，一位大学校长谈道："在行业部委撤销后，行业特色高校失去了与原行业主管部门的紧密联系，政策影响力逐渐降低，且国家政策制定部门更倾向于采用以清华、北大为代表的一流综合性大学的政策建议，这使得行业特色高校难以发挥其行业特色优势，难以真正融入行业科技创新政策制定圈。"行业协会作为连接政府、企业和高校的社会组织，具有较强的政策影响力，为行业特色高校强化思想协同提供了桥梁。例如，一位大学校长谈道："工信部在征求行业发展意见时，首先是通过行业协会这一渠道。行业协会以工信部征求行业意见的名义召集我们（大学）开会。我们可以写个正式材料，通过行业协会报给有关部门，因此行业协会的作用还是很大的。"因此，行业特色高校十分有必要强化智库建设，这既是"双一流"建设提出的重大要求，也是行业特色高校提升政策影响力的重要途径。

通过以上访谈资料的分析可以发现，行业部委撤销共建和行业特色高校划转造成了行业科技协同创新从"紧耦合、强协同"转向了"松耦合、弱协同"，其主要原因在于制度协同和组织协同缺失，导致了行业科技创新协同链条不畅。需要指出的是，这种转变具有不可逆的特征。一方面，行业特色高校不可能再重走行业办大学的老路，探索实现"强协同"是实现"松耦合"的基本前提。另一方面，行业部委撤销共建后，其职能由其他部委或行业协会承担，但都难以充分发挥原行业部委对行业科技创新协同的关键作用，因此各创新主体协同创新"松散化"是必然结果。实现从"松耦合、弱协同"到"松耦合、强协同"的跃迁是解决行业科技协同创新问题的关键路径，还需在此过程中不断强化行业科技创新的平台协同、人才协同和思想协同。

二、问题分析

解决组织缺失和制度缺失问题，实现从"松耦合、弱协同"到"松耦合、强协同"的跃迁，是形成行业校企科技协同创新长效机制的关键路径。如果从行业特色高校与企业科技协同创新的耦合度和协同度视角分析，可以将行业校企科技协同创新大体分为四种形态（如图9-1所示）。

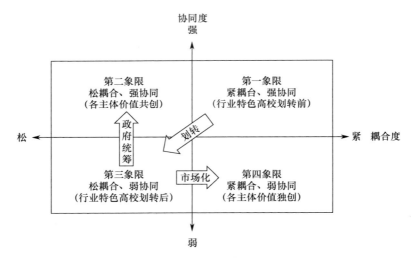

图9-1　行业校企科技协同创新的协同度和耦合度

一是从"紧耦合、强协同"到"松耦合、弱协同"（从第一象限到第三象限）。这是行业部委撤销和行业特色高校划转后的自然结果。这种转变造成了行业组织缺失和制度缺失。需要指出的是，这种转变具有不可逆的特征。行业特色高校不可能再重走行业办大学的老路，只能在"松耦合"的前提下努力实现"强协同"。

二是从"松耦合、弱协同"到"紧耦合、弱协同"（从第三象限到第四象限）。这是各创新主体基于各自利益最大化选择的市场化路径。市场化配置资源的优势在于高校和企业都有了与更多元创新主体合作的机会，市场机制的规则约束促进了单个校企之间的"紧耦合"。然而，其劣势也十分明显。一方面，遇到"看不见的手"市场机制失灵时（如中美经贸摩擦带来的各种"断供"问题或行业共性关键技术瓶颈），由于缺少"看得见的手"统一组织协调，各创新主体难以形成合力有效解决行业的"卡脖子"问题；另一方面，单个校企之间的"紧耦合"反而使行业科技创新链条颗粒化，与生态系统"松耦合"特性相冲突，缺少行业整体协作，科技创新资源和成果难以实现共享，难以形成推动行业创新发展的合力。

三是从"松耦合、弱协同"到"松耦合、强协同"（从第三象限到第二象限）。这是在市场配置资源的基础上强化政府对行业科技创新统筹协调作用的路径，也是形成行业校企科技协同创新长效机制的关键路径，有助于建立健全组织和制度保障，强化政府的统筹协调作用，解决组织缺失和制度缺失的关键问题，推动行业校企科技协同创新发生根本性转变。

第二节　行业特色高校和行业企业科技协同创新的"价值共创"逻辑

习近平总书记在清华大学考察时强调，"一流大学是基础研究的主力军和重大科技突破的策源地，要勇于攻克'卡脖子'的关键核心技术，加强产学研深度融合，促进科技成果转化"。行业特色高校作为我国一流大学群体的重要组成部分，是国家科技创新体系的重要战略力量。然而，新时代我国行业特色高校的发展也面临重大机遇和挑战。一方面，从外部环境看，随着全球新一代科技革命的迅猛发展，国际竞争日趋复杂激烈，我国相关行业在关键环节、关键领域、关键产品的科技保障和创新型人才供给等方面面临重大挑战。另一方面，从内部发展看，行业特色高校在院校划转后，与行业主管部门的行政关系被打破，官方沟通渠道畅通度下降，行业特色高校、行业企业和科研院所等各主体以一种更加市场化的方式处于创新链的不同环节，影响了行业科技协同创新的效率。因此，与政府、行业企业和科研院所等建立起长效行业科技协同创新机制，确保行业科技创新高效协同，既是行业特色高校服务国家重大战略的重要职责，也是行业特色高校实现自身高质量发展的重要方式。

"十四五"规划纲要明确提出"推进科研院所、高等院校和企业科研力量优化配置和资源共享"。高校、企业和科研院所等各类创新主体处于创新链的不同环节，由于其组织性质、发展目标和运作方式存在差异性，因此各方形成协同创新必须有理论指导下的专门措施推动和强化。价值共创理论起源于共同生产，最早是指顾客和企业共创价值。近年来，价值共创理论已演变为生态系统的视角，认为一切社会经济参与者都是资源整合者，不同主体通过互动与资源整合实现价值共创。在由高校、企业和科研院所等创新主体共同构成的生态系统中，各主体都难以占据所有创新资源，必须在协商一致和遵守制度的前提下主动相互耦合，推动整个创新体系的运转（如图 9-2 所示）。在这种松散耦合的生态系统中，制度约束是不同主体价值共创的关键。

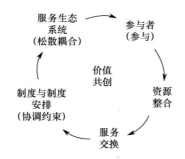

图 9-2　生态系统中的价值共创过程

第十章　世界主要科技强国行业特色高校服务行业发展的经验及启示

第一节　美国：以合作教育模式推动行业特色高校服务行业发展

美国合作教育模式的核心思想来源于美国著名教育家杜威提出的"教育即生活"，其最大的特点是讲求实用。联邦政府于 1862 年颁布的《莫雷尔法案》，对合作教育进行了规范，以法律的形式确定了联邦政府资助合作教育的责任。美国的合作教育模式中最重要的经验便是产教结合，即在学生培养和职业教育过程中，将企业与学校结合起来，开展合作教育（Cooperative Education）。

合作教育模式的主要内容如下。

（1）为学生职业技能训练提供实践平台。第一，学生通过实践工作，可以检验所学的理论知识，并巩固所学知识；第二，学生通过实践工作，可以获得一些在校内课堂上无法学到的实际技能；第三，学生通过实践工作，可以检验自己的职业兴趣，便于自己更深刻地了解自己；第四，帮助学生了解社会，为学生毕业后更快、更好地适应社会和工作打好基础。

（2）为学校教育教学提供实践条件。合作教育有助于学校教师技能提升和免于实践教学设施的重复建设，提升了学校教师理论与实践结合的能力，有利于"双师型"教师的培养。合作教育加强了学校和企业的联系，对学校而言，购置先进实践设备费用较为昂贵，例如，工程机械设备少则几十万元多则几百万元，而且需要场地停放，利用率也低。通过合作教育无须进行实践设施建设，解决了学校可能面临的实验场地紧缺、实验仪器不齐等方面的困难，为学校节约经费开支。

（3）为企业考察和选择未来的员工提供机会，合作教育为企业选拔优秀员工提供了难得的机会。学生在企业实习期间，企业可以实际考察学生的综合素质，例如责任心、协作精神、勤奋好学、吃苦耐劳、专业知识的扎实程度及动手实践能力。同时，企业也节约了大量培训新员工的费用，从人才输出的角度促进行业特色高校服务行业发展。

第二节　德国："双元制"模式推动行业特色高校服务行业发展

德国从课程体系设计的角度，以课程为抓手，通过职业教育培养学生的实践能力，为行业输出所需人才，推动行业特色高校与行业的有机融合。"双元制"教育的专业设置主要体现为三项基本原则：一是企业需求原则，行业特色高校专业设置应满足行业领域内所有企业的普遍要求；二是相对稳定原则，专业设置应满足相当长时间内职业发展的需求；三是广泛适应原则，专业设置应适合较宽的职业领域，并具有综合性。

为了确保专业设置的科学性与相对稳定性，体现专业设置的综合性和适应性，德国以职业分析为导向，确定"双元制"的培训模式。课程是一切教育活动的核心,因此,校企双方合作从实质上讲是以课程上的合作而展开的。而"双元制"课程实施则是真正以双方合作为基础,学校按照各州总体教学计划实施理论课程的教学;企业则按照联邦培训规章在企业中实施实践课程的培训,双方通过教育文化部和自主的形式加以协调,保证理论与实践有效结合,并以此共同合作来达到国家对职业人才的总体教育目标。

"双元制"模式有以下优点:其一,行业特色高校与行业企业之间通过双方合作能使学生学到知识技能,更加贴切生产实际,以符合行业企业的实际要求,帮助毕业生快速适应行业企业的生产运营,提升毕业生质量;其二,增强行业企业对行业特色高校教学的参与意识,视之为己任,并从各方面为职业教育提供帮助;其三,双方合作既保证了企业的需求,又能满足国民基本文化素质的要求,从某种意义上讲也是一种对"劳资"关系的协调,从长远的角度促进行业的可持续发展。

第三节 日本:以政产学研体系推动行业特色高校服务行业发展

自 20 世纪 60 年代初开始,日本就已经把"政产学研"合作作为推动行业特色高校服务行业发展和振兴区域经济的主要手段,通过制定多项政策法规创造有利于高校、科研机构与产业界合作发展的环境和沃土。在 20 世纪 80 年代中期,日本还提出了"科技立国"的口号,走出了以政府为主导,促进行业特色高校和行业协同合作发展的特色发展之路。

日本的政产学研体系的主要做法是,日本政府主要通过立法的方式积极引导企业和高校开展合作，将产学研合作上升为基本国策的高度，建立了一系列制度，推进产学研合作事业的发展。同时，为了大力推进产学研合作，通过制定一系列相关配套的政策制度，对合作的内容、形式、经费、利益分配等都给出了明确的规定，使政产学研合作有理有据，为合作持续健康发展创造有利的制度环境。

建立集中的第三方中介机构，通过市场的方式促进高校科研成果向民间企业转化和科技成果产业化。日本在高校和科研机构比较集中的地区建立了很多中介机构和技术转让机构，日本的中介机构也称为高科技市场，基本上在每个比较大的地区都设有高科技市场。高科技市场的主要工作内容是，挑选所在地区高校和科研机构中能够转化为产品的科研成果，对有关成果产品化的研究提供资助；为有关科研人员申请专利；协助创办风险企业。高科技市场由日本科技厅所属的科学技术振兴事业团负责经营和管理，科研人员所进行的研究如获高科技市场的经费资助，其所获专利将与科学技术振兴事业团所共有。为减少科研人员科研成果产品化过程中的工作负担，高科技市场还配备能够判断科研成果是否具有产品化价值并精通专利事务的专业人才。

与此同时，日本政府还设立了关键技术促进中心等政府资助的中介机构，通过提高私人企业的积极性来促进技术转移、推进合作研发。为促进政产学研合作发展，日本政府开始广建科技城。科技城多集中于日本的中等城市，集合了高新技术企业、科研机构和高校的综合资源，以高校和科研机构为智力依托，与行业企业联合共享资源，使高校和科研机构的基础研究和科研成果迅速转化为生产力，实现产业化，从而带动经济的发展。日本许多高校都建立了科学园，其中最负盛名的是筑波大学的高技术科技城。

进入 21 世纪以来，政产学研合作发展进入了新的历史时期。日本政府为适应新的发展，又推出了产业集群计划和知识密集区建设计划，并支持高校建立知识产权本部、技术转移中心。该计划以高校、国立公立研究机构为中心，通过对特定技术领域的研究开发，建立由研究机构、风险企业等研究开发型企业构成的技术创新基地，扶植高新技术产业发展，满足行业发展所需的技术需求。

第四节　英国：学科特色高校是高等教育体系的中坚力量

英国高等教育体系拥有一批以伦敦政治经济学院、圣安德鲁斯大学、华威大学、拉夫堡大学等为代表的高水平研究型高校，这些高校学科发展各具特色，是英国高等教育的中坚力量。

英国的学科特色高校主要可以分为三类：第一类是服务国家战略，具有行业特色，一贯保持与政府及产业部门唇齿相依的传统联系、学科特色十分突出的世界高水平特色高校，如克兰菲尔德大学。第二类是具有浓厚学科特色传统的精英教育型高校。如以社会科学见长的伦敦政治经济学院，在公共政策、法律、经济学、金融与会计等几乎所有社会科学领域均达到世界一流水平；伦敦商学院虽拥有学者不足 80 位，但在全英商科中处于绝对领先的地位，是与美国沃顿商学院等齐名的世界顶尖商学院之一；如以基础性学科见长的圣安德鲁斯大学，是全英综合排名第 4 位（TIMES，2024）的学科特色型高校。此类高校还有以体育专业闻名于世的拉夫堡大学，以工程、艺术等见长的布鲁内尔大学等。第三类是依靠地缘优势形成的特色高校和学科，如华威大学的汽车、机械等工程类特色学科与毗邻考文垂汽车工业区有关，纽卡斯尔大学的船舶工程特色学科与纽卡斯尔造船工业中心有关，阿伯丁大学的石油化工和海洋工程特色学科与濒临北海油田有关。

第五节　国外校企合作和行业协会情况

一直以来，美国、德国等发达国家非常重视公共创新机构与行业/产业的紧密结合，公共创新机构主动牵手所在的行业特色高校、企业，基于使命驱动创新战略合作的开展，对直面人类社会大挑战、聚焦行业科技前沿、攻克行业发展难题、促进构建国家创新生态系统，发挥着至关重要的作用。

一、美国橡树岭国家实验室

美国橡树岭国家实验室（Oak Ridge National Laboratory，ORNL）成立于 1943 年，负责执行曼哈顿计划的一项重要任务：展示钚的生产和分离，以生产核武器。战时使命成功完成后，ORNL 承担了一项新的使命：以和平为目的发展核能。为支持从基础科学到应用技术的核研究与开发组合，为曼哈顿项目而组装的设施和研究的专业知识得到了扩展。

（一）经验一：基于使命驱动通过多学科融合发展实现科学进步

ORNL 一直秉持"攻克美国当下面临的最严峻的科学难题，开发新技术，为人类创造美好生活"的使命，在国家研发事业中占有独特的地位，着力构建"大科学"的国家资源，即按照前 ORNL 主任 Alvin Weinberg 提出的著名的"大科学"设想提供所需的资源，实现大规模的、长期的、超出了工业或大学范围的研发工作。

（二）经验二：聚焦解决人类"大挑战"的战略部署与研究规划

近年来，"大挑战"（Grand Challenges）一词，频现美国科技战略语境。ORNL 正在通过转变科技和解决能源、环境与核挑战等方式，为美国的安全和繁荣做出诸多超前战略部署和研究规划，这充分体现其引领科学方向和践行国家使命的功能定位。自成立以来，其多项研究为美国联邦政府科技政策制定者提供了重要的支持，成为某些法律和制度设计的重要参考依据。

尤为重要的是，ORNL 自成立以来就积极致力于打造科学研究和教育培训平台，其重要形式之一便是自己创办学校，培训人才。1946 年初，ORNL 建立了橡树岭反应堆技术学校，成为全美核工程院校的典范。与此同时，ORNL 创建科学联盟，积极拓展与周边区域高校广泛、持续的合作。高校深度参与 ORNL 各类研究项目，并提供包括科学研究、人才培养在内的各种支持。

ORNL 更旨在通过大平台培养未来的科学与工程领袖，用多学科的研究机会和独特的设施将美国各地的高校师生连接起来，将杰出的未来科学家、工程师和教师与当今最优秀的研究者联系在一起。每年夏天有 1000 多名学生在 ORNL 开展研究工作。"大学合作计划"为研究生提供实习机会和奖学金，为博士后提供职位，还提供联合教职人员职位和合作研究。

学生也可以通过诸如为技术部制订商业计划等机会来获得独一无二的创业经验。

（三）经验三：整合面向"大科学"的国家级资源，构建响应创新生态系统的技术转移伙伴关系

ORNL 通过各种合作机制与行业深度融合，旨在培育区域和国家创新生态系统，同时加快部署开发技术进入市场，对经济产生积极影响。例如，ORNL 的世界级计算专家致力于为研究者提供世界上最高性能的超级计算生态系统，以便可以在数据密集型的科学和工程领域进行开创性的研究，如医疗、医学、经济学、灾难恢复和国家安全等领域。10 多年来，ORNL 处理了来自实验、模拟输出、人类活动、传感器等多种多样的数据。大规模计算支撑着包括材料科学、化学、等离子体物理学、天体物理学、生物学、气候学、核物理学和应用数学在内的众多科学学科。ORNL 部署和操作超级计算机，包括美国能源部科学办公室的泰坦、国家科学基金会的 Kraken 和国家海洋和大气管理局的盖亚。全世界的工业、学术和政府研究人员都在使用 ORNL 的超级计算机和支持系统进行数据生成、分析、可视化和存储，来解释通常在一个实验室中无法研究的现象，例如能源使用对气候产生的影响、尚未建成的反应堆中的融合，以及星系形成，等等。

为高质量完成上述任务，ORNL 鼓励企业通过联合运营的方式建立经济发展合作伙伴关系，过去 5 年间，基于 ORNL 技术衍生的创新公司已超过 20 家。主要的合作机制有如下几种：

用户设施——ORNL 运行的 8 个科学用户设施，包括散裂中子源、高通量同位素反应堆、纳米材料科学中心、领导力计算设施、国家交通研究中心、

建筑技术研究和集成中心、制造示范设施和碳纤维技术设施。这些独特资源每年为成千上万的研究用户提供服务，其中包括众多来自行业的用户。

合作研究与开发协议——在该协议框架下，企业和学术机构分别凭借其独特的研究能力以共同赞助研发的方式与 ORNL 开展合作。ORNL 与合作伙伴会就 CRADA 产生的研发成果（专利许可权）进行协商。

战略伙伴项目——战略伙伴项目为员工提供了在工业领域提高技术挑战的意识，并为行业提供了关键的研发能力。每年有 20 个 ORNL 开发的技术通过工业特许使用许可证在市场上部署。最近许可的技术包括生物基塑料、超疏水材料、碳泡沫、低成本碳纤维、高温轻质合金、地理空间信息系统和恶意软件检测等。

通过上述合作机制，ORNL 每年与 100 多家公司开展开放式合作。这不仅有助于企业获得 ORNL 独特的实验室设施、增进专业知识溢出和更好地解决（开放/披露）知识产权问题，而且有利于满足企业日益增长的研发需求，提升其市场竞争力。

二、德国弗劳恩霍夫协会

弗劳恩霍夫协会（Fraunhofer-Gesellschaft）成立于 1949 年 3 月 26 日，是德国也是欧洲最大的应用科学研究机构。在政府资助下，该协会以企业形式运作，尤为强调产学研紧密合作，不以短期的商业利润为目标，定位于面向应用技术研究的世界领先组织，是欧洲乃至全球知名的公共非营利科研机构。目前，弗劳恩霍夫协会在全球有 74 个研究所和研究机构，员工总数约 28000 人，年营业额达 28 亿欧元。其中合同研究占 23 亿欧元，其合同研究收入中的 70% 来自行业/产业和公共资助,德国联邦和州政府则以基础投资的形式为应用前的研究提供约 30% 的资金。

(一)经验一:通过标准化战略规划创造机会,提升行业科技创新能力

协会对新技术的独特把握和卓越表现,有赖于 74 家研究所和研究机构的共同努力,以及积极与具有行业科学专长的研究所组成联盟,建立强大的、具有国际竞争力的卓越中心和研究组合。

协会的标准化战略规划已经实施 15 年,目的是增强每个研究所的竞争力。2019 年,结合国内外市场变化,这一规划的实施流程进行了二次全面改革,以推广协会内部的最佳实践。新流程将研究目标与覆盖策略更加紧密地结合起来,支持自上而下和自下而上的方法,并与协会范围内的业务活动兼容。

协会还采取了通过联盟主导设计引领市场的策略,通过满足行业的具体需求,提升技术本身的全球竞争力,同时在德国和欧洲掌控技术主权。而要实现这一目标,尤其需要重新聚焦并发挥现有的弗劳恩霍夫联盟的重要作用。如加强构建弗劳恩霍夫运输联盟、能源联盟及未来移动出行联盟工作组的动态合作能力。

(二)经验二:增强"创新对话",构建科学政策框架

通过发挥协会的桥梁作用,协会代理德国联邦政府两个最重要的研究和创新咨询委员会:高科技论坛和创新对话。

高科技论坛的使命是为政府如何实施和进一步发展其 2025 年高科技战略提供建议。2019 年,论坛围绕创新政策展开讨论,探讨实现研发支出提高到 GDP 的 3.5%的可能途径；认为社会创新应被视为技术创新的补充，并提出了资助相关研究的建议。2020 年论坛议程聚焦六大关键议题：创新系统的灵活性、价值创造的未来形式、创新体系的可持续性、创新与技能、生物与数字化、开放科学与创新。协会的科学政策部门也为联邦政府部门提供支持，以管理高科技论坛中与"高科技战略 2025"有关的任务。

"创新对话"是一个由政府顾问组成的独立小组，这些顾问来自商界、工业界、科学界和社会各界的高级代表，讨论与未来创新政策相关的问题。2020 年 1 月，德国总理默克尔及其内阁成员与指导委员会举行了创新对话，讨论第二代量子技术的创新潜力及其可能带来的颠覆性应用，如量子计算、量子通信和量子传感。2020 年 6 月举行第二次创新对话会议，重点议题是绿色创新的实现。

（三）经验三：创新资助方式，促成《德国研发税收优惠法》颁布

协会长期致力于促进研发资助方式的创新，通过多年努力，促成了《德国研发税收优惠法》（*FZulG*）的正式颁布，结束了一场持续了 10 多年的有关何种资助方式最佳的争论。新法律正式确立了对应用研究的资助应使缔约方受益的原则。于 2020 年 1 月 1 日生效的新法规定，德国所有需要缴纳公司税或所得税的商业企业，不仅可以申请内部研发的税收优惠，而且可以申请外部第三方通过合同进行的研究税收优惠。新规定允许将支付给外部研究服务提供商费用的 60%确认为合格的人员成本，公司可以将这些合格成本的 25%作为公司税的减免额，符合条件的研究费用上限为每家公司每年 200 万欧元。因此，每家公司每年可实现的最大税收节约达到 50 万欧元。

第十一章　推动行业特色高校与企业科技协同创新长效机制形成的建议

第一节　高水平行业特色高校与行业企业科技协同

为实现行业科技创新的"强协同"，亟须在宏观层面强化制度协同和组织协同，在中观层面强化平台协同，在微观层面强化人才协同和战略思想协同，并反哺宏观层面的制度协同和组织协同，形成理念和机制的闭环，构建全方位、深层次的行业科技创新生态。

一是强化制度协同，形成行业科技协同创新的政策合力。应以强化国家战略科技力量为导向，加快完善政府统筹、企业为主体、行业特色高校和科研院所等多方参与共创的行业科技协同创新顶层设计。评价标准是高校发展的"指挥棒"和"风向标"，应加快面向行业特色高校的分类评价体系建设，实现评价体系的激励导向和国家需求之间的联动，通过科学评价体系引导行业特色高校长期致力于解决行业"卡脖子"的关键共性技术问题。加强制度协同，实现政策体系的竞争思维和整合思维之间的协调，推动教育部、科技部等部门之间政策的集成，加强针对不同区域、不同行业的差异化、精准化政策供给，加快形成政策合力。

二是优化组织协同，为行业科技协同创新提供有力组织保障。优化国家发改委、工信部、科技部等部委所属的各类产业发展促进中心推动行业科技协同创新的职能，可在各中心成立行业科技协同创新分中心或工作组，发挥行业科技创新的决策、咨询、统筹、协调、评价、监管等作用，提升行业科技协同创新效率。强化各类前身为行业部委的国家级行业协会的职能，充分发挥其在行业"政产学研"科技协同创新中的组织、协调和服务作用。可借鉴德国弗劳恩霍夫协会经验，组织行业专家开展行业技术攻关前瞻性布局，由国家出资设立行业科技创新基金，支持高校、企业和科研院所协同开展科技攻关。

三是深化平台协同，推进行业龙头企业主导、行业特色高校参与的行业科技协同创新平台建设。支持和鼓励以央企为代表的行业龙头企业主导、行业特色高校参与组建国家产业创新中心，围绕企业"卡脖子"问题开展有组织的理论和技术攻关。随着创新中心的发展成熟，国家适时投资促进中心升级和扩大规模，进一步吸纳整合行业科研院所、上下游企业等科技创新资源，打造多创新主体共创的"松耦合、强协同"国家产业创新中心，并推行技术创新成果行业共享、市场转化自由竞争的新型机制。

四是细化人才协同，实现多种类型、不同层级人才的校企双向流动。人才是行业科技协同创新的具体执行者，只有微观层面的人才紧密互动才能实现组织关系"松耦合"下创新的"真协同""强协同"。因此，应顺畅且细化行业特色高校与企业之间的科学研究、工程研发、成果转化、创新管理等多种类型、不同层级人才的流动机制和渠道，以促进行业校企科技协同创新全方位、深层次开展。特别要重视在人才协同中传播弘扬行业精神和文化，增强行业特色高校师生及行业各类人才对行业的认同感和科技创新的使命感。

五是内化战略思想协同，引导行业特色高校打造"小核心、大网络"的战略研究与决策咨询协作机制。充分发挥行业特色高校智库对于行业科技创新的战略决策咨询作用，积极建立高校智库、企业智库、政府智库、行业智库等共同参与的战略思想协同的智库协作网络。鼓励行业特色高校基于智库"小核心"，主动融入与政府、企业协同的行业发展战略研判，通过"大网络"形成行业战略思想共识，并反哺行业科技协同创新的制度设计和组织创新，共同打造国家行业科技创新决策体系。

第二节　促进省属行业划转院校产教融合、校地结合的建议

产教融合是实施创新型国家战略、提升产业竞争力、培养应用型人才的重要举措，也是高校服务于产业、服务于地方的重要途径。划转到地方的行业院校在产教融合方面具有天然优势，应积极立足地方。第一，加强同所在区域的行业联系，直接服务于区域内的行业。第二，积极加强同地方其他支柱性产业的联系，增强服务地方支柱性企业的能力。根据区域性的行业性资源、地方性资源及地方社会的需求调整自己的定位，更好地发挥服务地方发展的作用。省属行业划转院校应明确界定为研究应用型高校或应用研究型高校，以进一步明确自身的定位和使命。同时，地方政府应出台各项政策大力支持省属行业划转院校在产教融合、校地结合中发挥更大作用。

一、省属行业划转院校应通过组织变革成为应用研究型高校

省属行业特色高校虽然具有产教融合的天然优势，但要成为以应用研究为主的高校，还需要相应的变革来进行组织建设，通过产教融合、校企结合、

校地结合来培养应用型人才，承接行业企业应用型科研的能力。从相关的调研来看，行业划转院校需要在以下方面努力。

（一）拥有强有力的驾驭核心

学校的领导层能够为学校打开行业企业和地方的空间，同时需要整合内部意见，凝聚共识，并能为学校、行业和地方提供必要的资源，甚至还需要进行内部的一系列组织制度和结构等方面的改革。基于全国 185 名地方高校校级领导的问卷调查发现，我国地方高校转型主要采取缓冲和顺从策略，对环境依赖程度高，但是正在采取"环境管理"策略积极突破。首先是高校办学类型对地方高校转型程度和策略的影响较大，其次是办学层次，最后是高校所处地方。我国地方高校转型要进一步增强环境控制能力，同时充分利用其学科专业特色和优势，而对环境的驾驭能力很大程度上是取决于学校的驾驭核心。

（二）重视以校企合作为核心的相关制度制定

学校层面的"校企合作指导及激励"对校企合作的紧密性、稳定性及相关专业在校企合作中的主导性影响较大。学校层面组织转型对校企合作的影响主要是通过院系层面组织转型的相应维度产生影响，院系层面转型的各维度能显著影响校企合作状态。从转型类型看，学校层面和院系层面转型均深入的类型，校企合作质量相对更高。因此，建议地方高校向应用型转变应立足于二级学院应用型的建设，在组织转型中，注意处理好学校层面与院系层面的协同。学校层面特别要加强校企合作的指导和激励，使之制度化，以形成对院系及教师的明确指引和有力激励。

（三）重视应用研究型师资队伍的建设和水平提升

省属行业划转院校要形成比较强的应用科研能力，就必须丰富教师行业企业经验。受高等教育评价导向的影响，教师以发学术论文为主，对于承接行业企业的项目并不积极，或者因为缺乏行业企业的背景，在行业企业中没有影响力，很难承担行业企业的应用型科研项目。省属划转行业院校应该加强与行业内或区域内龙头企业的合作，为师资队伍建设提供相应的平台。

（四）学科专业集群、产业学院与现代产业学院

省属行业划转院校要想与行业更好地结合起来，更好地服务于当地的支柱性产业，需要强化学科专业集群，发挥多学院参与的跨学科专业集群的作用。从 2017 年《国务院办公厅关于深化产教融合的若干意见》出台，到 2023 年国家发展改革委等 8 部门联合印发《职业教育产教融合赋能提升行动实施方案（2023—2025 年）》，我国已初步构建了产教融合的政策体系。2023 年，国家发展改革委、教育部等 8 部门联合印发《职业教育产教融合赋能提升行动实施方案（2023—2025 年）》，明确 2025 年国家产教融合试点城市达到 50 个左右、在全国建设培育 1 万家以上产教融合型企业等一系列目标。要想让产教融合更好地促进地方发展，服务于高校的人才培养，就必须改造地方高校的学科专业集群，而学科专业集群的改造只有借助于产业学院和创新平台，才能实现产学研用一体、政行企校协同，才能够有效地将应用型科研与应用型教学真正融为一体。2020 年 7 月 30 日，教育部办公厅、工业和信息化部办公厅联合发布《现代产业学院建设指南（试行）》，培养现代产业发展的高素

质应用型、复合型、创新型人才，是高等教育支撑经济高质量发展的必然要求，是推动高校分类发展、特色发展的重要举措。为扎实推进新工科建设再深化、再拓展、再突破、再出发，协调推进新工科与新农科、新医科、新文科融合发展，全面提高人才培养能力，经研究，决定在特色鲜明、与产业紧密联系的高校建设若干与地方政府、行业企业等多主体共建共管共享的现代产业学院。2022 年，教育部在全国范围内推出首批 50 个产业学院。这为行业特色高校如何建设产业学院，如何处理好产业学院同学科专业集群及同二级院系之间的关系提供了借鉴。

（五）深化产教融合人才培养

省属行业划转院校在人才培养定位上以培养高层次的应用型人才为主要目标。要培养高层次的应用型人才，无论是本科层次，还是研究生层次，都需要强调产教融合、校企结合。在本科生层次，要重视实践教学；在研究生层次，主要以培养专业学位研究生为主。专业学位研究生教育过程需要长达半年到一年的专业实践，专业学位研究生的论文选题必须来自行业企业的真实题目，所开展的研究能够为行业企业解决实际的问题服务。

二、地方政府层面的相应政策

（一）建立和完善应用研究型高校适用的评估体系

在高等教育分类发展中，如何制定应用型高校的评价标准对正确引导这些地方高校的转型具有极强的引导作用。一些新建本科高校之所以在是否向应用型高校转变上犹豫不决，部分原因是搞不清楚本科的评估体系，担心在现有的评估体系没有改变的情况下，按照旧的对传统本科院校的评估标准进行评估会处在不利位置。为解除后顾之忧，国家和省级政府应尽快制定并公布应用型本科的设置与评估标准，同时要给予被评估高校自主权，教育行政部门组织的评估应以发展性评估为主。随着职业本科院校的设立，社会上和媒体出现了认为地方本科高校转型不成功的声音。这种声音会干扰地方本科高校向应用型转型。因此，尽快明确应用型本科高校的标准，也有利于澄清地方普通本科、应用型本科、职业本科的区别，使地方普通本科高校向应用型转变的决心更为坚定。

（二）以高水平应用研究型本科高校建设项目为牵引，持续推动地方高校的深度转型和应用型高校的发展

在国家层面推出面向研究型高校的"双一流"建设和面向职业教育的"双高计划"之后，主要由新建本科院校构成的应用型本科院校缺乏相应的项目的问题，某种程度上使得新建本科院校向应用型高校的转型成为高校自愿的项目，这种状况不利于调动应用型高校的积极性。应用型高校作为我国高等教育系统中的一种重要类型，教育部提出了建设一流应用型本科院校的要求。"十四五"期间正是地方高校向应用型院校深度转型的关键时期，已转为应用型的高校也需要进一步提升办学水平。如果国家层面能够针对这些高校推出"高水平应用型大学"项目，能更有力地引起各省的重视，各省也会进一步加大对这些高校的投入和引导工作，应用型院校的建设速度会进一步加快，质量也会进一步提升，能够更好地实现我国高等教育体系分类发展的目标。

（三）切实加快国家产教融合实施方案的落实

深度的产教融合仅仅依靠学校是不够的，还需要地方政府、行业、企业发挥联动作用。在政行企校的关系上，政府在相当大的程度上起着主导作用，政府能够有效地协调相关的行业和企业。建设产教融合型城市，没有政府的积极作为，是不可能实现的。"十四五"是落实国家深化产教融合相关方案的重要时期，相关政策越早落地，越有利于省属行业划转高校开展深度的产教融合，为行业和地方的产业发展贡献更多的高层次应用型人才，开展更多的应用科研，贡献更多的科学技术，增强企业的竞争力，为创新型国家建设做出更突出的贡献。

第五篇 新时代行业特色高校的创新发展机制

第十二章 由行业特色高校迈向学科特色高校

第一节 行业特色高校学科建设的三项基本原则

一、尊重规律、强化特色

一是尊重"以人为本"的基本规律。科研人员是学科建设的"核",而学科带头人是学科建设的"心"。科研人员从事研究工作,并以学科发展的各环节为纽带组成大大小小的研究或教学团队。随着研究的进展和新发现、新成果的不断出现,这些团队不断进行新的组合从而成为这个学科的"核"。一个学科的成型离不开围绕"核"所形成的边缘(交叉)学科的活跃和发展,最终形成"核心学科—强相关学科—弱相关学科—边缘(交叉)学科"这一学科群,进而成为高校的学科特色。

二是尊重"不确定性"的基本规律。新学科从萌发到建设有多种演变形式,这种形式具有不确定性的特征,可以分为三类:第一是"单向直行"式,即从投入建设到建设完成，达到当初设定的建设目标，整个过程不出现方向上的偏差。这种情况多见于在行业主管部门的授意和指导下，借鉴国内外已有的相同或相似学科构成模式所进行的建设。在行业管高校时期，这一特征十分突出。第二是"一核多发"式，即从一个"核"中根据不同研究方向发展出若干新团队，这些团队经过研究和磨合又形成若干新学科"核"。第三是"种豆得瓜"或"种瓜得豆"式，即学科建设的结果并未按照当初设定的目标发展，而是走向了一个新的方向并取得了成功（种豆得瓜），或者收效甚微（种瓜得豆），甚至一无所获。这三种学科建设的演变模式在高校里并存。"单向直行"式和"一核多发"式建设模式具有效率较高的优势，但行业特色高校绝不能排斥"种瓜得豆"或"种豆得瓜"这两种形式的存在。行业特色高校要积极响应国家"十四五"规划的号召，进一步强化特色发展，增强高校学科设置的针对性，培育和激励"一核多发"的学科建设模式。

三是尊重"顶天立地"的基本学科建设的规律。建设新的学科要求高校的学术领导或团队负责人要有高远的科学视野，不仅看到眼前还要看到未来，不仅立足本地更要放眼世界。研究工作的着力点要以国际领先的同行研究水平为目标并趋近于同步，同时又立足于学校发展和本学科建设，满足国家提高科技实力和人才培养的现实需求，既高瞻远瞩，又脚踏实地。

每一所行业特色高校都拥有传统优势学科群，这是多年服务于行业的建设成果，取得这些成果正是遵循了学科建设的客观规律，脚踏实地干出来的。划转以来，这些高校有的在形式上已经与行业"脱钩"，但紧密服务于行业的特征并没有改变。它们利用传统优势学科服务于多个行业，满足更广泛需求，服务面更加开阔，为提高办学水平与科技能力进一步打开空间。建议行业特色高校遵循建设规律，尊重建设成果，强化传统优势学科，适度扩大适应新形势的学科，尊重"人"在学科建设中的核心作用，不轻易"另起炉灶"，从而取得更好的办学效益。

二、扎根地方、服务行业

行业特色高校以服务行业为主，学科设置相对专一，并受条块分割影响，与地方发展的结合度较低。在划转后，由于办学惯性的影响，特别是划转到地方的高校，其学科专一、服务面窄的问题十分突出，甚至有些高校主流学科与当地产业错位。此外，由于对原主管部门仍有一定依赖性，行业特色高校划转后很长一段时间的人才培养流向、科技成果等与地方的关联度不大，与地方、行业之间难以形成有效的合作互动机制。扎根地方、服务行业不是一句空话，难点在于如何扎根。因此，要在发挥传统优势学科引领作用的基础上打造自己的核心竞争力，对学科结构进行优化调整，进一步开放办学，发挥教育教学优势、人才优势、科技优势，积极奉献，与国家或当地经济社会发展融为一体。

划转前后，一批行业特色高校与部委、政府、行业等签订了共建协议，但这些共建一定程度上还停留在文本阶段，对签约各方并没有强约束作用。地方、行业对共建高校的责任和义务并未得到有效落实。若能建立各方自愿、各负其责、多方共赢、共同发展的共建模式，使行业特色高校在服务行业的同时，取得地方政府及社会各界的支持，把共建由形式转化为行动，将对这些高校转型后的发展起到至关重要的作用。为此提出如下建议：

一是牢固建立新的核心价值理念，扎根地方，服务行业。行业办高校已经成为历史，中央与地方两级办学体制已经成型，高等学校的办学自主权逐年扩大。划转高校必须审时度势，立足于现实，在发挥传统优势学科作用，更加主动服务行业的基础上，积极在地方经济社会快速发展中贡献智慧，在参与国家与地方、行业重大科技攻关和培养高素质人才中提升学校的影响力。

二是整合校内外资源融合发展。行业特色型高校的学科固有短板影响其在国家创新体系和服务地方中发挥作用，特别是在跨学科、综合性的创新体系中处于劣势，因此需要更加开放，加强资源同类联合，针对行业和地方经济社会发展需要开展联合攻关。

三是在组织体系上给予充分落实。针对高校和当地的实际，学校在科技管理、人事安排、财务、对外合作、知识产权等方面要设立专门机构或专人，负责与当地政府和企事业单位的沟通与联络，积极主动参与地方各项建设任务和相关活动，使高校的"根"能够深深扎在地方，而不要成为被束之高阁、难以触碰的"硬球"。

总体而言，扎根地方、服务行业不是一句空话，难点在于如何扎根。因此，要在发挥传统优势学科引领作用的基础上打造自己的核心竞争力，对学科结构进行优化调整，进一步开放办学，发挥教育教学优势、人才优势、科技优势，积极奉献，与国家或当地经济社会发展融为一体。在充分调研、准确分析国家相关行业或所在省市经济社会发展状况，结合高新技术发展趋势、高校自身实际的基础上，对学科结构进行优化调整，以适应国家、地方、行业、企业对人才和科技的需求。

三、长短辩证、适度超前

按照"遵循规律、强化特色，扎根地方、服务行业"的原则，学科建设还应当注意长短辩证、适度超前。不贪大求全，要量力而行。长短辩证重在把握学科之间的动态关系，不同学科间的长短、优势学科群内的长短，扬长避短、弃短还是补短都是辩证的。以增量调整的方式开展学科建设是划转高校实现多元服务的重要手段。增量与存量的关系处理要遵循长短辩证原则，增量调整要能够更好地强化传统优势学科，并进一步满足新发展阶段的需求。

在增量调整中必然遇到新建学科任务。新建学科要从以下方面考虑：一是应关注新建方向与传统优势的相关性及原有基础，避免白手起家。二是把握科技发展宏观走势，尤其是把握行业新业态对学科产生的决定性影响，关注新学科与新技术的结合。三是关注国家和地方支柱产业的发展走向，分析产业景气水平和生命周期，兼顾自身学科优势发挥与相关产业受益的方向。四是关注学校自身的客观条件，注意力放在"人"与"核"，在队伍尚不完备时，校内选拔培训或校外团队引进都可行，但一般前者效率偏低，后者成功率不高。五是关注新学科建设适度超前性和未来学科的生存稳定性。生存稳定性是指学科建设的实体机构都应在相对较长时期内稳定发展，以适应社会需求和人才成长规律。

对于行业特色高校而言，要有效发挥原有的传统优势学科的引领作用和影响力，把握长短辩证，采用增量调整、适度扩张的方式，进行学科架构的调整优化，避免不顾条件主观决策，在新形势下的学科建设中扬长补短，适度超前，择优建设。

第二节　建设学科特色高校是行业特色高校"双一流"建设的必经之路

一、学科特色高校的基本特征

相对于"行业特色高校",高水平学科特色高校都有明显的办学特征:一是具备一个或数个优势特色学科,并以优势学科为核心,形成学校的核心竞争力;二是具备创建世界一流学科的实力,成为我国创建世界一流学科的重要力量;三是长期拥有良好的行业基础,但已不拘泥于一个行业——从"一对一"到"一对多";四是仍会侧重某一类应用学科但不会盲目扩张成综合性高校;五是在失去行业部门的管辖之后,资金来源渠道实现多元化。

二、建设学科特色高校的若干建议

一是牢固树立学科建设是高校发展核心的战略性认知,凝心聚力打造优势学科集群,聚精会神打造核心竞争力。应充分认识到,行业特色高校无论是否划转,其主要服务对象依然是原来所在的行业。因此保持特色永远是行业特色高校的立校之基和强校之本。然而特色不是一劳永逸的,更不是一成不变的;新形势下,特色会被赋予新的内容,行业业态会随之发生变化。高校的学科相比于行业和企业表现出稳定和长周期的特点,学科建设是高校的一项综合性、战略性基础建设,必须克服一切困难,建设一套既符合建设规律又科学合理、独具特色的学科体系,建成一批在国内外叫得响的学科点,力争做到"人无我有、人有我强",取得一批高水平研究成果,形成自己的核心竞争力，以"双一流"为目标，努力建设世界一流学科和世界一流大学。

二是合理布局学校的学科结构，把握好传统优势学科与新学科的关系，坚持不贪大、不求全、只求优的原则，力争保持行业优势，强化优势学科，加强相关基础学科。在坚持发展面向行业的优势学科的同时，时刻关注所在区域经济社会在人才、科技等方面的需求，发挥传统优势学科的引领作用。按照相关性原则，结合学校本身人才队伍基础条件，适度强化基础学科，按需调整学科结构，努力优化学科生态，实现多学科协调发展，达到"以特色带整体、以整体促特色、多学科交叉融合"的效果，以有限原则建设适应地方的新兴学科，提高学校的整体水平。要遵循学科发展规律，以及人才培养滞后性特点，从学科发展的长期性、时效性、特色化等规律角度，站在发展战略高度，从长计议、不打短线。从学科发展时效性角度，在确定发展目标和方向的基础上，根据学科发展前景和专家建议，在发展方向和团队建设上打出提前量，或者在研究方向、团队建设等方面为学科未来发展留出空间。

三是坚持扎根地方、服务行业，积极拓展服务区域经济社会的方式与途径，保持与行业的紧密联系，整合校内外资源，实现融合发展。积极建设科技合作平台、大学科技园，落实国家"十四五"规划中"支持高水平工科大学举办职业技术师范专业，建立高等学校、职业学校，与行业企业联合培养'双师型'教师机制"，"发挥在线教育优势，完善终身学习体系"。大力开展继续教育和职业培训，推进建设当地的终身教育体系，提高当地企事业单位工作人员的科学文化素质、专业理论水平与职业技能，为当地经济文化建设输送人才。地域相同或相近行业特色高校之间完全有必要形成有效的合作交流互动机制，创新组织形式，建立校际合作联盟，充分发挥各自学科优势，形成重大战略攻关的整体作战能力，在服务国家创新体系和地方经济社会建设中发挥作用。

第十三章　高质量科技创新驱动行业特色高校高水平发展

行业特色高校在我国高等教育体系中占据重要地位，是推动我国行业和社会经济文化建设发展的重要力量。"十三五"期间，高水平行业特色高校紧密结合"双一流"建设，坚持行业特色高校办学理念，通过深化科技创新机制改革，建设具有行业特色的科技创新平台，在积极探索创新驱动发展实践方面积累了丰富经验，取得了显著成效。"十四五"期间，国家坚持创新在我国现代化建设全局中的核心地位，把科技自立自强作为国家发展的战略支撑。立足新发展阶段，贯彻新发展理念，构建新发展格局，高水平行业特色高校科技创新面临前所未有的机遇与挑战。

第一节　重点创新举措

新一轮科技革命和产业变革加速演进，要抓住机遇、应对挑战，就必须准确把握发展大势，努力抢占科技创新战略制高点，将主动权牢牢握在自己手中。要以创新迈向新发展阶段，以创新领衔新发展理念，以创新构建新发展格局，构建以科技创新为核心的全面创新体系，增强创新生态系统的韧性。

一、加强创新系统顶层设计

要充分发挥国家作为重大科技创新组织者的作用，建立重点行业部际联席会议协调机制和国家战略咨询委员会，针对行业产业的技术发展瓶颈，支持产学研协同创新的科研平台和社会组织建立，协调各类创新实体重建协同创新良好生态。深化教育部门科技管理体制改革，加强战略规划和政策研究，按照分类指导原则促进行业特色高校科技创新发展，更加注重创新环境营造和重大项目组织。探索和设计实现新型举国体制的途径和机制，使得高水平行业特色高校可以尽快融入其中，持续作出贡献。

二、提升科技创新治理水平

进一步加快行业特色高校综合改革步伐，构建与新发展格局相适应的高质量科技创新治理体系。明确定位和发展愿景，优化教育结构和科技工作结构，逐步形成同经济社会发展相适应并具有各自优势特色的教育、科技体制，以保障特色学科群的科研力量汇聚，推动基础研究、应用研究和技术开发与集成的有效衔接，促进多学科综合研究解决重大综合性科技问题，从而有利于将政府部门、产业界和科技教育界的理念与智慧相结合。加快建设更加卓越的创新生态系统，完善科技管理与服务体系建设，加强高等学校科技管理队伍建设，创新科研特区和新型研发机构建设模式及行业战略智库组织模式，加强制度、人力、信息化等条件建设，不断提升科技创新治理能力。

三、重点建设一批世界一流行业特色高校

推进分类建设一流高校和一流学科，选择一批国内领先的行业特色高校

集中力量重点建设，强化学科建设与科技创新协同发展。以世界一流学科和高水平行业共性战略关键技术创新基地建设为突破口，加强基础研究，布局建设前沿科学中心，重视建设交叉学科和新兴学科，以产业技术创新链引领特色学科群建设，以科研平台建设支撑优势特色学科发展，争取在若干特色学科方向跻身于世界前列，不失时机地探索出一条建设新型研究型高校的新路径。

四、加快培育国家战略科技力量

加强行业特色高校重大科技基础设施建设，建设若干国际领先的国家实验室、重大科学基础设施和一批协同创新平台，形成国家战略科技力量的"硬件"部分，强化行业特色高校的多学科交叉与工程集成能力。加强行业特色高校高端行业战略智库建设，创新行业智库组织模式，汇聚来自政府、高校、产业的智库资源，形成全面覆盖的行业、产业发展战略与政策研究支撑网络，为行业科技创新的定位使命、方向路径、总体格局和发展理念提供重要支撑，成为国家战略科技力量的"软件"部分。依托已有行业产业智库形成面向产业链和集群的行业智库网络，充分释放协同创新和溢出效应，从战略层面源头提升行业特色高校科技创新动态能力。加强战略科学家培养，以国家战略科技力量的"硬件"和"软件"为支撑，打造国家战略科技力量的"最强大脑"。

五、优化发展成效评价体系

主要聚焦三项关键能力开展评价：行业特色高校的行业影响力，重视对行业"卡脖子"关键技术领域形势跟踪、动态监测和研判能力、行业战略前沿、关键核心技术领域学科布局、引领所在行业及同类院校发展能力、校友影响力等方面进行综合评价；行业特色高校的行业贡献度，聚焦在高端行业人才引育、高质量团队、高标准建设、高规格项目、高层次奖项、高端智库、原创价值等在促进行业高质量发展方面的指标进行评价；行业特色高校的契合度，重点通过与行业/部门/地方共建学院/签订长期战略合作协议、获批行业主管部门科研项目数量/行业关键核心技术/共性技术研发参与度、毕业生在本行业的就业占比、累计服务所在行业企业数量/加入产业技术创新联盟/行业协会并投入实际资源支持发展的相关指标进行评价。

六、增强关键核心技术攻关和供给能力

引领和深度参与行业产业共性关键技术攻关，在有组织的技术攻关中凝练关键科学问题，形成科学探索和面向行业的目标导向有效协同，促进学科建设和工程技术创新相互支撑，加快形成行业特色高校强势的特色工科和扎实的基础学科共生共建的良好学科组织生态。实施学科交叉、集成创新的研发战略，促进行业特色高校知识创新与技术创新的有机衔接，将应用研究和高技术产业化与国民经济建设的重大需求紧密结合，促进跨学科集成、多学科合作和新学科开创，推动跨校跨系统的联合、协作。

七、提升科技成果转化质量

灵活运用高校理事会等行业企业参与治学的机制，积极探索完善与国内产业和行业协会的信息沟通交流机制。鼓励行业特色高校牵头或参与组建产业技术发展创新战略联盟、产业知识产权联盟，建立专业的知识产权运营机构和技术经纪人队伍，推动产业技术成果转化新体系建设。对接行业技术创

新与产业布局，支撑主要产业向国际分工价值链高端攀升，培育新兴产业发展新高地。鼓励支持行业特色高校参与战略性新兴产业及其细分领域国际标准的制定，加快推广我国优势产业标准。在我国具有领先优势的热点产业领域，引领"一带一路"等国家，积极提出并践行中国解决方案，为战略性新兴产业"走出去"提供高质量服务。

八、拓展创新资源投入渠道

积极争取多渠道、多形式对高校科技创新工作的投入，同时呼吁国家加大对高等学校的科技投入，对高等学校的预算拨款中列科技专项。加大对重点建设的若干世界一流行业特色大学的支持力度，大力支持与实现国家战略产业目标密切相关的重点科技创新平台建设。促进地方财政共同支持世界一流行业特色高校建设和创新计划的实施，引导经济发达地区政府为区域重点产业相关的行业特色高校科技创新提供稳定的资金支持。

第二节　科技创新发展策略

一、促进行业特色高校国家战略科技力量建设

美德等发达国家历来十分重视发挥大科学计划、大科学装置、行业协会、高端战略智库在国家科技创新中的重要作用。作为世界知名的行业公共创新机构，美国橡树岭国家实验室是基础研究的全球典范，德国弗劳恩霍夫协会是应用技术研究的国际标杆，其共同经验在于面向人类"大挑战"，服务国家战略需求，长期致力于"使命驱动型"科学研究，通过制度创新和组织创

新发挥其在国家创新系统、行业科技创新中的重要引领作用，更加强化了公共研发机构与行业产业深度融合、协同创新的动态能力。

自中兴事件以来，中国高技术领域创新能力威胁到美国的技术安全已成为美国政府和社会各界的普遍看法。美国国家层面更加紧密集研究、制定、部署如何对抗中国崛起的科技创新发展战略，其中尤以重申美国在全球关键技术领域科技创新的绝对主导地位为重中之重。如自 2020 年 4 月以来，美国国际战略研究中心（CSIS），作为美国乃至世界战略与政策研究领域处于前沿地位的重要智库，密集发布《中国高技术不平衡发展——对美国的启示》《增强美国创新优势》等战略智库报告，聚焦投资与创新、保护关键技术、支持数据治理等三方面，研究如何制定遏制中国科技创新能力的创新战略和实施步骤。2020 年 11 月，另一家著名智库，信息技术与创新基金会（ITIF）发布《认识美国国家创新体系 2020》报告，也将重新审视美国创新体系、面对中国科技快速发展挑战的应对策略提升到前所未有的高度。

相比美国密集出台针对中国科技崛起的"咄咄逼人、科技围堵"策略，德国的科技创新重在"苦练内功"并加强合作。弗劳恩霍夫协会长期致力于跨学科研究团队与行业和政府等开展战略合作，共同致力于战略性应用技术研究，通过创新组织运行机制、汇聚行业资源、与行业特色高校紧密协作，不断加强与来自世界各地的产业界和学术界研究伙伴开展国际合作，对推动所在区域的科学进步和经济发展产生积极的溢出效应。同时，弗劳恩霍夫协会立意高远，在解决一个个实际行业难题的过程中，产生了深远的行业影响，既促进了社会对新技术的接受，又在这一过程中培养了社会迫切需要的未来科学家和工程师。

上述经验表明，我国的科技创新能力，尤其是关键领域核心技术被"卡脖子"的关键原因在于面向国家创新战略的行业科技战略引领的缺失，缺乏基于长期战略考量的行业大科学或工程装置建设，以及服务于产业链、创新链的多元人才评价与激励机制。为此，应加强行业特色高校重大科技基础设施建设，建设若干国际领先的国家实验室、重大科学基础设施和一批协同创新平台，形成国家战略科技力量的"硬件"部分，强化行业特色高校的多学科交叉与工程集成能力。加强行业特色高校高端行业战略智库建设，创新行业智库组织模式，汇聚来自政府、高校、产业的智库资源，形成全面覆盖的行业、产业发展战略与政策研究支撑网络，为行业科技创新的定位使命、方向路径、总体格局和发展理念提供重要支撑，成为国家战略科技力量的"软件"部分。依托已有行业产业智库形成面向产业链和集群的行业智库网络，充分释放协同创新和溢出效应，从战略层面源头提升行业特色高校科技创新动态能力。加强战略科学家培养，以国家战略科技力量的"硬件"和"软件"为支撑，打造国家战略科技力量的"最强大脑"。为此，应重点强化如下三个方面的建设：

（一）加强行业特色高校重大科技基础设施建设

重大科技基础设施是国家科技创新体系的重要组成部分，实施创新驱动发展战略的重要物质基础，是提升国家科技梳理和综合竞争力的重要条件保障。行业特色高校具有学科特色鲜明、行业资源丰富、产教融合便利等天然优势，新形势下应把握大变局时代的机会窗口，积极开展重大科学基础设施建设。通过重大科学基础设施建设，将极大加强行业特色高校的多学科交叉与工程集成能力，形成一批懂科学、懂技术、懂工程、懂管理的高水平行业人才队伍，提升关键领域核心技术的集成攻关和自主创新能力。同时，基于行业重大科学基础设施建设，发挥其重要的"磁石效应"，吸引汇聚高端行业人才、培育未来科学家和工程师，确保我国在优势特色领域拥有可持续性创新和长期竞争优势，为从根本上解决关键技术受制于人的被动局面奠定基础。

（二）强化行业特色高校高端科技战略智库建设

认真落实中办国办《关于加强中国特色新型智库建设的意见》，建设一批高水平科技创新智库，围绕产业技术革命和颠覆性技术预测开展超前研究和对策咨询，为政府、行业和行业特色高校本身在重大选题、组织策划、专家队伍建设及决策咨询理论、方法、数据等方面提供支撑；建设一批行业、区域产业科技发展战略研究中心，形成行业和区域产业发展战略与政策研究支撑网络。以行业特色高校高端科技战略智库建设为重要抓手，充分发挥行业特色高校与行业协会密切联系的重要作用，为行业科技创新的定位使命、方向路径、总体格局和发展理念提供重要支撑。紧密围绕"四个面向"汇聚来自政府、高校、产业的科技战略智库资源，依托已有行业产业智库形成面向产业链和集群的行业智库网络，充分释放协同创新和溢出效应，从战略层面源头提升行业特色高校科技创新动态能力。

（三）建立对基础研究、应用基础研究、产业转化研究一视同仁的人才评价与激励机制

科技自立自强，有赖于关键核心技术的突破与技术创新迭代能力的提升。围绕基础研究、应用基础研究、产业转化研究在内的各类创新人才在打造我国"硬科技"实力中发挥着重要的支撑作用。为此，应当丰富人才评价

标准，着力培养产业链关键技术人才，建立起对基础研究、应用基础研究、产业转化研究一视同仁的人才评价机制。同时，在高水平行业特色高校推广"揭榜挂帅""赛马制"等机制，实行以增加知识价值为导向的激励机制，实施突出科学精神、行业精神、工匠精神的能力和业绩的分类考核评价方式，更好地激发行业人才的创新创业热情，在重大科技工程实践中锤炼激励行业科技后备力量。

二、创新行业特色高校技术转移工作机制

设立专门的技术转移机构，并明确其功能定位。首先，在技术转移机构与高校的关系方面，专门负责委托处理高校知识产权和技术转移事务。其次，在知识产权服务方面，包括从创新技术到形成专利的指导，专利申请的代理、咨询、服务等。最后，对学校专利申请工作的管理并对研究成果潜在市场机会做评估，选择恰当的知识产权策略和技术转移策略，以便实现更大的经济效益。

明确技术转移机构的职责任务。主要包括：向研究者提供日常的技术转移信息；向研究者提供知识产权问题咨询；审查研究者提交发明申请是否可以进行专利申请；评估研究者提交发明申请是否具有潜在商业价值；委托和指导外部专利代理机构进行专利申请事务；和工业界接触以便建立伙伴关系；联系投资家和企业家建立合作关系；寻找合适的开发基金和风险基金项目；承担研究者对外的意向性协议、许可协议谈判和协议签署；为研究者和工业界的合作提供指导性意见和政策文件；研究者的专利和许可战略的制定、开拓策略；评估创业公司的创建理念并协助和辅导制订经营计划和融资

方案等。

完善协同创新知识产权管理制度。建立健全专利知识普及、专利申请和维护、专利运用和转化的知识产权管理体系，结合多种情况明确知识产权的归属、奖励、资金管理与收益分配等核心内容。科研团队在科技成果转化收益中的分配比例应高于70%。构建申请时资助、授权后奖励、转化后受益的全覆盖保障体系。优化科研项目管理流程，简化技术转移、成果转化的审批手续和流程，下放科技成果使用权、处置权和收益权。

完善技术转移相关激励政策。技术转移过程中要在政策上考虑到各方需求。第一层面的利益相关者包括学术型企业家、研究所、有关部门、研究人员和团队、技术转移机构。第二层面的利益相关者是科学园、孵化器、投资家、国家及区域或地方机构。需要处理好各个利益相关者的积极性和利益需求关系。建立科技成果转化支持体系，支持有学术或产业导向性的研究开发；设立科技创新基金，资助已受到各类政府基金资助并已完成小试、具备进一步扩大试验条件、具有产业化前景的项目；出台制度统一管理和规范学校以技术成果出资入股行为，进一步激活高校科技资源，促进科技成果迅速转化为生产力。

建立不同专业类型的技术转移人才队伍。技术转移团队需要不同专业类型的专业人才，包括不同学科领域的技术专家、经济与法律事务专家、专利事务专家及行政管理事务人员等；一般根据每一个技术转移项目属性要求来临时搭建项目工作团队，实行项目经理负责制，工作团队由科学家、经济专家及法律或专利专家组成。

创新基金资助模式，促进高校衍生企业。近年来，各级政府、投资机构联合高校设立了各种孵化基金、创业基金，支持高校具有自主知识产权且有较大经济和社会效益的产业化项目及优秀的大学生进行科技创业。目前，创业基金大多缺乏造血功能，可持续发展后劲不足。基金应该通过分享创业企业的成长溢价和增值，补充创业基金，实现可持续发展。或者在创业基金的基础上，建立创投公司，对接创业基金。这样，通过创业基金推动学校创新创业型人才的培养，使更多的学科性公司、师生创业公司通过"技术+资本+人才"的方式，实现快速发展。

三、加强国际合作交流，打造行业科技持续创新动态能力

加强国际科技创新合作、主动融入全球科技创新网络，是国家创新实力和核心竞争力不断增强的重要推动力。在世界多极化、经济全球化、科技一体化的大环境下，高校已成为双边、多边、官方、民间等多种国际科技合作的主体，在多层次、多渠道、全方位国际科技合作格局中发挥了重要作用。行业特色高校作为高校参与国际科技合作交流的典型代表，积极作为，主动担当，不断扩大合作领域、合作渠道和合作方式，为我国行业科技整体跃升提供了有力支撑。

（一）强化顶层设计、系统推进行业科技国际合作工作

一是坚持规划先行。明确未来 10～15 年行业特色高校国际科技合作的阶段任务和发展方向；与我国建成世界强国的宏伟目标对接，瞄准世界科技前沿，明确未来20～30 年行业特色高校国际科技合作的总体布局。

二是推进全面协同。建立健全教育部、各省（区、市）等相关教育部门

齐抓共管行业特色高校国际科技合作的工作机制，实现上下联动。优化全国行业特色高校外事协作网运行机制，加强与行业科研单位联系，强化相关单位内部交流协同，实现横向互动。探索全国行业特色高校科技"走出去"联盟的建立，实现内外统筹。

三是突出战略研究。针对行业科技发展，开展重点国家和地区的国别（地区）研究。对发达国家和地区行业科技前沿、先进适用技术进行长期、深入、系统地跟踪和掌握；研究和分析"一带一路"国家技术需求、资源分布和市场前景，为科技合作、成果示范推广、平台建设提供科技支撑与信息服务；整合海内外智力资源、形成长效专家咨询机制、开展对外合作政策研究，研判全球行业科技发展形势和合作潜力，为行业特色高校国际科技合作中长期布局提供支撑。

（二）坚持以我为主、不断完善全球行业科技布局

一是推进"一带一路"行业科技深入合作。充分了解和掌握"一带一路"国家行业科技需求，如依托特色农业高校学科优势，推动跨区域动植物疫情监测与管控、作物育种与配套技术推广、农机及农产品生产加工、海洋生物资源保护与可持续利用等关键领域的知识分享、信息沟通和技术转移，促进科技与产业融合发展。进一步加大多双边科技培训、科技人才交流互访、来华留学生教育等方面的合作力度，探索建立专门的人才培养计划，大力推进"一带一路"合作伙伴农林科技人才队伍建设。

二是巩固和拓展形式多样的多双边合作机制。巩固与德国、法国、俄罗斯、日本等发达国家或地区的科技交流机制，形成长期稳定的合作关系；不断扩大"朋友圈",与巴西、印度等新兴合作伙伴共同谋划推进国际科技合作的新机制、新模式,重点推进建立与"一带一路"国家和地区的科技合作机制;进一步深化与 EU、FAO、CGIAR 等国际组织科技合作,开展区域联动的南南合作,提升我国行业科技在国际舞台上的影响力。

三是强化行业科技国际合作平台布局建设。依托在海内外已经建立的国际联合研究中心、示范型国际科技合作基地、示范园、试验站等平台,充分整合国内行业特色高校相关资源,集中开展研究、示范、推广的全方位全产业链合作,打造升级版的集成合作大平台。在新兴前沿交叉领域和具有中国特色和优势的重点领域,遴选一批综合实力强、合作成效优、发展前景好的国际联合实验室、研发中心和合作基地,发挥示范引领作用,以点带面,共同支撑行业科技国际合作。

(三)加大支持力度、持续提升国际合作支撑保障能力

一是加强政策研究创设。积极鼓励行业特色高校与世界各国和地区的高校、科研机构、国际组织开展科技合作,建立健全科技人才、科研经费、科研设备等引进来和走出去的配套政策;针对"卡脖子"技术涉及重点研究领域试点开辟绿色通道,为行业特色高校国际科技合作交流提供便利,推动我国行业科技前沿原始创新能力提高;探索建立和完善国际科技合作平台的管理机制和配套保障措施,在人员待遇和稳定经费方面进一步深化改革;在出入境方面,简化与行业科技国际合作相关的出入境检查流程和手续。

二是实施专项支持。谋划研究并适时启动专项专款支持行业特色高校开展国际科技合作,发挥现有财政资金的引领和支撑作用,进一步强化"双一流"高校建设经费、基本科研业务费等资金对行业科技国际合作的倾斜力度。如针对国际合作平台建设、国际农林科学科技项目实施等重点任务，设立配套资金给予长期稳定支持。从国家战略的高度和政策的角度，通过政府主导型的金融支持助力行业科技合作，促进和保障国内国际资金投入参与行业国际科技合作，形成多元化投资格局，鼓励和支持行业特色高校加大对行业科技国际合作的投入。同时，建立财政科技经费的绩效评价体系，建立健全科研经费使用的评估和监督管理机制，以保证资金使用的规范性和有效性，提高资金的使用效益。

三是强化人才队伍建设。强化优秀科技人才的外引内培，吸引和聘用在国际上具有一定影响力的国外知名专家来华工作或担任顾问，遴选一批具有潜力的中青年科技人才到国外一流高水平大学、科研机构和国际组织参加培训和学习，增强对行业科技国际前沿动态的掌握，提升创新合作水平。加快培养一批具备国际视野、熟悉国际规则的优秀管理人才，提升行业科技管理的国际化水平。支持和推荐高素质复合型优秀人才到国际组织和驻外机构任职，逐步形成结构合理的人才梯队。